Boris von Poser
Traumberuf Regisseur

Boris von Poser

Traumberuf Regisseur

Alles über Theaterregie

HENSCHEL

www.henschel-verlag.de
www.seemann-henschel.de

Bibliografische Information der Deutschen Nationalbibliothek

Die Deutsche Nationalbibliothek verzeichnet diese Publikation in der Deutschen Nationalbibliografie; detaillierte bibliografische Daten sind im Internet über http://dnb.d-nb.de abrufbar.

ISBN 978-3-89487-687-6

Wir danken den zitierten Personen bzw. den jeweiligen Rechtsnachfolgern für die Abdruckgenehmigung ihrer Texte.
Die Fotografien im Text stammen von Boris von Poser, ausgenommen die Abb. S. 84: Caravaggio, »Die Opferung Isaaks«, Verlagsarchiv.

Lektorat: Susanne Liermann
Umschlaggestaltung: Ingo Scheffler, Berlin
Titelbild: Dimiter Gotscheff und Samuel Finzi bei Proben zu »Anatomie Titus Fall of Rome« im Deutschen Theater Berlin, 2007. © Iko Freese / DRAMA
Satz und Gestaltung: Das Herstellungsbüro, Hamburg
Druck und Bindung: GGP Media GmbH, Pößneck
Printed in Germany

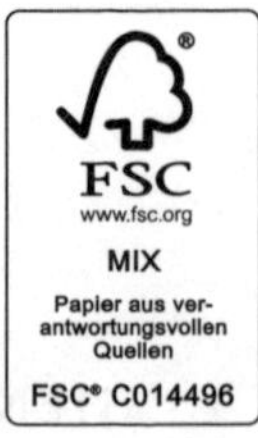

Inhalt

Vorwort

War seit den siebziger Jahren die Theaterszene in der überregionalen Wahrnehmung deutlich vom sogenannten Regietheater beherrscht, dem von seinen Kritikern gern mangelnde Werktreue und Respektlosigkeit vor der Institution Theater vorgeworfen wurde (und noch immer wird), hat sich in den letzten Jahren ein Wandel vollzogen. Die Regisseure der jüngeren Generation legen es oftmals weniger darauf an, ihr Publikum zu provozieren und zu politisieren, sondern benutzen die formalen Errungenschaften auf eine neue, spielerische und oft unterhaltsame Weise. Manche beginnen sogar wieder, auf dem Theater »wirkliche Geschichten« zu erzählen. Die neuen Medien haben zusätzlich die Erzählformen auf ihre Weise beeinflusst.

Daneben hat sich die Ausbildungssituation für angehende Regisseure verändert. Während es bis in die neunziger Jahre hinein noch üblich war, dass sich junge Leute mit dem Berufsziel Regisseur über Hospitanzen und Assistenzen am Theater hocharbeiteten, kommt heute der Großteil des Regienachwuchses aus den Regiehochschulen, von denen viele erst in den letzten Jahrzehnten entstanden sind. Dort gibt es neben praktischen Experimenten einen hohen Prozentsatz an theoretischem Unterricht, wie z. B. in Theatergeschichte, Inszenierungsanalyse, Dramaturgie, und auch eine Auseinandersetzung mit Konzepten und Ästhetiken bei Bühnen- und Kostümbild.

Aber trotz dieser an sich optimierten Ausbildung kann keine Schule den Beruf eines Theaterregisseurs wirklich lehren – wie auch die zwanzigste Assistenz bei einem berühmten Regisseur einen Berufsanfänger nur ungenügend auf den entscheidenden Moment vorbereiten kann, in dem er selbst beginnt, Regie zu führen. Erst da erweist sich nämlich, ob er in der Lage ist, die nötigen Voraussetzungen wie Fantasie, Führungsstärke, Allgemeinbildung, Neugierde etc. zu bündeln, um eine Theaterproduktion zu leiten.

Bei der Vielzahl an Möglichkeiten, den Beruf des Regisseurs auszuüben, kann dieses Buch ganz gewiss kein Lehrbuch im eigentlichen Sinne sein. Mein Ziel ist es eher, mithilfe dieses Buches ein realistisches Bild vom Theaterbetrieb und der tatsächlichen Arbeit eines Regisseurs zu vermitteln. Ob der Leser nun selbst in dem Bereich arbeiten möchte, damit vielleicht schon begonnen hat und sich weitere Anregungen erhofft oder ob er einfach ein generelles Interesse an diesem Beruf hat, spielt dabei keine Rolle.

Ich möchte zeigen, wie der Alltag eines Regisseurs aussieht – und zwar ganz unabhängig davon, welche Ziele er inhaltlich und stilistisch verfolgt. Das versuche ich zum einen durch die Beschreibung von typischen Abläufen am Theater, zum anderen durch Gespräche mit Vertretern anderer Theaterberufe, mit denen ein Regisseur tagtäglich konfrontiert ist und ohne die er seine Arbeit gar nicht machen könnte. Es erschien mir hilfreich, aus der Sicht dieser Kollegen etwas über Regisseure und die Zusammenarbeit mit ihnen zu erfahren.

Für diesen Teil des Buches hatte ich das große Glück, mit Menschen sprechen zu können, die in ihrer bisherigen Laufbahn mit sehr unterschiedlichen Regisseuren zu tun hatten – als Autor, als Lehrer, als Intendant, als Dramaturgin, als Bühnenbildner, als Kostümbildnerin, als Schauspielerin und als Kritikerin. Alle acht sind äußerst erfolgreiche und erfahrene Theaterleute. Ihre Werdegänge zeigen ein weitgespanntes Panorama der hiesigen Theaterszene auf. Die Gespräche sind bewusst subjektiv gehalten und bieten sehr persönliche Perspektiven auf die Arbeit des Regisseurs. Aber ich denke, gerade dadurch entsteht ein plastisches Bild dieses Berufes.

Es gibt noch eine dritte Ebene, auf der ich mich meinem Sujet zu nähern versucht habe. Alternierend zu den einzelnen Kapiteln zum Arbeitsalltag auf und hinter der Bühne habe ich in »Exkursen« einige Aspekte etwas intensiver beleuchtet, die in der aktuellen Theaterlandschaft viel Aufmerksamkeit finden und allein aus diesem Grund von einem angehenden Regisseur unbedingt reflektiert werden sollten: der Einsatz visueller Medien, die Thematisierung von Realität auf der Bühne und die Interpretationsfreiheit gegenüber dem Text. Auch hier ging es mir nicht darum, Hinweise für eine besondere Handlungsweise zu liefern, sondern vielmehr darum, die Wurzeln und Hintergründe der aktuellen Situation zu beleuchten. Ich hoffe, dass diese Gedanken jungen Theatermachern die eigene Positionierung erleichtern.

An dieser Stelle möchte ich die Gelegenheit nutzen, all meinen Gesprächspartnern zu danken, die einen Großteil zum Gelingen des vorliegenden Buches beigetragen haben: Tankred Dorst, Florence von Gerkan, Manfred Karge, Ulrich Khuon, Andrea Koschwitz, Doris Schade, Christine Wahl und Martin Zehetgruber.

Es war unvermeidlich, im Laufe des Schreibprozesses auch immer wieder an meine eigenen Lehrer und Leitfiguren zu denken. Auch ihnen möchte ich hier danken. An vorderster Stelle Peter Zadek. Die Begegnung mit ihm und seiner Arbeit hat mich für immer geprägt. Auch Artak Grigorian möchte ich danken, der durch seine Stanislawski-Grundlagenarbeit am Max Reinhardt Seminar bei mir das wesentliche Fundament für die Arbeit mit Schauspielern gelegt hat. Last but not least war die Begegnung mit Erni Mangold von großer Bedeutung für mich. Sie bestand darauf, dass ich unabhängig vom Lehrplan des Regiestudiums auch noch als Schauspieler an Rollen arbeite. Ihr Pragmatismus, der direkte Zugriff und ihr untrüglicher Instinkt für jede Rolle stehen mir in meiner Arbeit immer als Vorbild vor Augen.

Boris von Poser im Mai 2011

I. Der Beruf des Regisseurs

Versuch einer Definition

Es gibt nicht den einen, einzig richtigen Weg, Regie zu führen. Und entsprechend gibt es auch nicht den einen, einzigen Weg, zum Regisseur zu werden. Es gibt so viele Arten Regie zu führen, wie es Regisseure gibt.

Was bedeutet Regie genau? Und was ist ein Regisseur? Regieführen heißt auch inszenieren, also In-Szene-Setzen. Das bedeutet, einen Text (meistens ein Theaterstück) auf der Bühne mithilfe von Schauspielern, Szenenbildnern, Beleuchtern usw. zum Leben zu erwecken.

Heute versteht man unter einem Regisseur den kreativen Kopf einer Theaterproduktion. Seine Vision gibt den übrigen Mitarbeitern die Richtung vor, in der sie arbeiten. Er ist verantwortlich dafür, dass die Arbeit aller Beteiligten konstruktiv zu einer Premiere zusammenkommt.

Wohlgemerkt – dies ist die Definition heute. Sie gilt auch vorrangig für den deutschen Sprachraum. In anderen Ländern sieht die Theaterlandschaft anders aus und der Beruf des Regisseurs wird anders bewertet. Da kann der kreative Kopf einer Theaterproduktion durchaus auch der Autor, ein Schauspieler oder ein Produzent sein. In Deutschland hat sich das genaue Berufsbild erst im Laufe des letzten Jahrhunderts gebildet. Speziell in der zweiten Hälfte des letzten Jahrhunderts gab es eine große Aufwertung des Regieberufs. Es ist in Deutschland ein deutlich von der Regie geprägtes Theater entstanden – im Gegensatz zum Beispiel zu dem von Autoren geprägten Theater im angelsächsischen Raum.

Man erwartet von einem Regisseur nicht nur die zentrale Interpretationsidee, sondern auch die Fähigkeit, sie den Schauspielern zu vermitteln und ihnen dabei zu helfen, sie zum Ausdruck zu bringen. Natürlich hat der Regisseur wesentliche Mitarbeiter zur Seite, die für die verschiedenen Schritte von großer Bedeutung sind: Bühnen- und Kostümbildner, Dramaturgen und Assistenten. Obwohl durchaus hierarchisch strukturiert, ist eine Theaterproduktion immer eine Gemeinschaftsarbeit, bei der es auf die kreative Kraft von vielen Menschen ankommt.

Der Beruf des Regisseurs beinhaltet ein eigenartiges Paradox. Innerhalb des Theaters nimmt der Regisseur eine zentrale Rolle ein und auch die Presse interessiert sich meistens sehr für ihn. Der normale Theaterzuschauer allerdings interessiert sich bei einer Aufführung meistens nur für die Schauspieler, manchmal noch für den Autor. Wer den Abend inszeniert hat, ist dem Großteil der Zuschauer relativ egal.

Im Theaterbetrieb hat sich in den letzten Jahren einiges sehr beschleunigt. Deutlich mehr Produktionen entstehen in immer kürzerer Zeit. Wenn man gerade im Vergleich mit Film und Fernsehen bis vor einiger Zeit noch sagen konnte, dass das Theater den Luxus der Probenzeit besitzt, Zeit für die Beschäftigung mit einem Stoff, Zeit für die Vertiefung von Experimenten, Zeit zur Reflexion, dann muss man feststellen, dass dieses Luxusgut immer weniger gepflegt wird.

Auch in einem schnellen Wurf kann viel entstehen und eine rasche Reaktion auf Themen kann von Wert sein. Aber Theater muss sich immer wieder reflektieren, um sich zu erneuern und wirklich am Puls der Zeit zu bleiben. Heute ist oft nicht die Zeit für den gemeinschaftlichen Prozess. Die Verantwortung für die Zielrichtung eines Abends liegt dann ganz beim Regisseur. Umso mehr muss ein Regisseur wissen, welche Richtung er einschlägt und welche Mittel er anwendet.

Der deutschsprachige Raum hat eine lange Theatertradition, die dazu geführt hat, dass heute viele Theaterformen nebeneinander existieren. Es gibt trotz Kürzungen immer noch eine Fülle an subventionierten Stadt- und Staatstheatern, es gibt einen breit gefächerten kommerziellen Theaterbetrieb und es gibt eine starke freie Theaterszene.

In den letzten Jahren gibt es eine interessante Neuorientierung im deutschsprachigen Theater. Theaterformen, deren Ursprünge in der freien Theaterszene und sogar in der freien Kunstszene zu finden sind, haben die Spielpläne der klassischen Theater erobert und die Sichtweise auf Theater stark verändert. Als Beispiel wären die teils dokumentarischen Theaterprojekte von Rimini Protokoll, die virtuosen szenischen Kommentare von René Pollesch oder auch die singuläre Arbeit eines Künstlers wie Christoph Schlingensief zu nennen. Seit den sechziger Jahren hat die Entwicklung in der Kunstwelt das Theater immer wieder stark beeinflusst. Neu ist, dass diese sehr aufgebrochenen Formen heute Teil der etablierten Theaterszene sind. Während René Pollesch ohne die klassischen Theaterformen nicht denkbar ist – seine Arbeiten sind gleichzeitig Analyse und ironische Übersteigerung dieser Formen, existierte jemand wie Christoph Schlingensief – auch wenn seine Arbeiten oft im Theater stattfanden – eher außerhalb des klassischen Theaters. Elfriede Jelinek schreibt in ihrem Nachruf auf Schlingensief: »Ich sah und sehe Christoph ja als bildenden Künstler, seine Theaterarbeit ist immer mehr in diese Richtung gegangen, in Richtung von etwas Prozessualem, das im Fortgang etwas entstehen läßt, das sich zwar immer auf dem Theater realisieren ließ, aber Theater nicht war, sondern etwas anderes.« Und zu seinem Umgang mit ihren Texten schreibt sie: »Meine Sätze, die wenigen, die er verwendet hat, sind aber auf andre Weise wirksam geworden als Theatertexte, die von einem Regisseur realisiert werden.«[1]

Theater ist ein Begriff, der alle Formen unter sich vereint. Und es ist wunderbar, dass heute die Theater ein weitaus größeres Spektrum an Formen fördern, als es noch vor zwanzig Jahren der Fall war. Viele dieser Formen sind allerdings von den starken Persönlichkeiten abhängig, die sie kreiert haben. Es ist unsinnig zu versuchen, den Stil von Schlingensief zu imitieren, wie es auch immer eine Sackgasse war, Peter Zadek oder Peter Stein zu imitieren oder im Stile von Einar Schleef oder Frank Castorf zu arbeiten. Das Ergebnis kann immer nur epigonal und unpersönlich sein.

Es ist sinnvoller, sich zwar mit prägenden Regiepersönlichkeiten und allen inspirierenden Theaterformen auseinanderzusetzen, aber dann zu versuchen, einen ganz eigenen Weg zu finden.

Der große Raum, den die freieren Theaterformen in der öffentlichen Betrachtung einnehmen, hat eine Diskussion über das »Handwerk« eines Regisseurs kompliziert gemacht. Es ist ein großes, verteidigungswürdiges Gut unserer kulturellen Landschaft, dass ganze Theaterbetriebe die Vision eines an sich theaterfernen Künstlers auf der Bühne möglich machen. Viele ungewöhnliche, wunderbare Theaterabende sind so schon entstanden. Aber dass im Umkehrschluss junge, unerfahrene Regisseure dadurch nahezu aufgefordert werden, die Grundlagen des Theaterbetriebs von vornherein infrage zu stellen, um als Künstler ernst genommen zu werden, ist eher eine lästige Folgeerscheinung als eine glückliche Entwicklung.

Es kann nur von Vorteil sein, den Betrieb in seinen Möglichkeiten kennenzulernen und sich die Fähigkeiten anzueignen, konstruktiv mit ihm umzugehen.

---

1 Elfriede Jelinek, Assistent des Verschwindens, in: *Theater der Zeit* 09/2010, S. 13.

Vision

> *»Man muss das Leben nicht so darstellen, wie es ist,*
> *und nicht so, wie es sein soll, sondern wie man es träumt.«*
> Trepljow (Kostja) in Anton Tschechow, DIE MÖWE

Tschechow legt dem jungen Dichter und Regisseur Kostja zu Beginn seines Stückes DIE MÖWE diese denkwürdigen Worte in den Mund. Ein klares Bekenntnis zur persönlichen Vision eines jungen Theatermachers. Kostja wird schließlich an seiner künstlerischen Arbeit verzweifeln und sich das Leben nehmen. Natürlich kann man seine Gedanken am Anfang des Stückes als unausgegorene Gedanken eines Dilettanten abtun – das ist die Rolle, die ihm von seiner Mutter zugewiesen wird. Aber es spricht für die Meisterschaft Tschechows, dass sowohl in Kostjas Aussagen über das Theater eine große Wahrheit als auch in seinem merkwürdigen, apokalyptischen Stück eine große Kraft spürbar ist.

Die persönliche Vision eines Regisseurs ist heute im deutschsprachigen Theaterraum höher bewertet als viele andere wichtige Qualifikationen für den Beruf. Gleichzeitig entzieht sich dieser Aspekt mehr als alle anderen einer objektiven Wertung. Wir kommen dabei in die Bereiche des persönlichen Geschmacks und oft auch in den Bereich der gezielten Marktstrategien.

Tschechow lässt Kostja von einem inneren Vorgang sprechen: »[…] wie man es träumt.«[2] Der Aspekt der Außenwahrnehmung taucht hier noch gar nicht auf. Es geht um die rein persönliche Vision.

Oft wird die künstlerische Position allerdings von außen zugeschrieben – durch Dramaturgen, Intendanten und natürlich Kritiker. Diese von außen kommende und vermittelt wahrnehmbare künstlerische Position spielt sicher eine große Rolle für die Karriere. Und es ist auch gut, erkennbar zu sein, sich von anderen zu unterscheiden. Aber wenn man seine Kraft darin investiert, eine solche Wiedererkennbarkeit künstlich herzustellen, kann es zu einem Manierismus und einer Masche werden. Man entfernt sich damit von einer viel wesentlicheren, nämlich der inhaltlichen Fragestellung.

Konstruktiver ist es herauszufinden, welche Inhalte und Ziele einem

---

2 Anton Tschechow, Die Möwe, übersetzt von Andrea Clemen, Programmbuch Nr. 10, Burgtheater Wien 1986, S. 29.

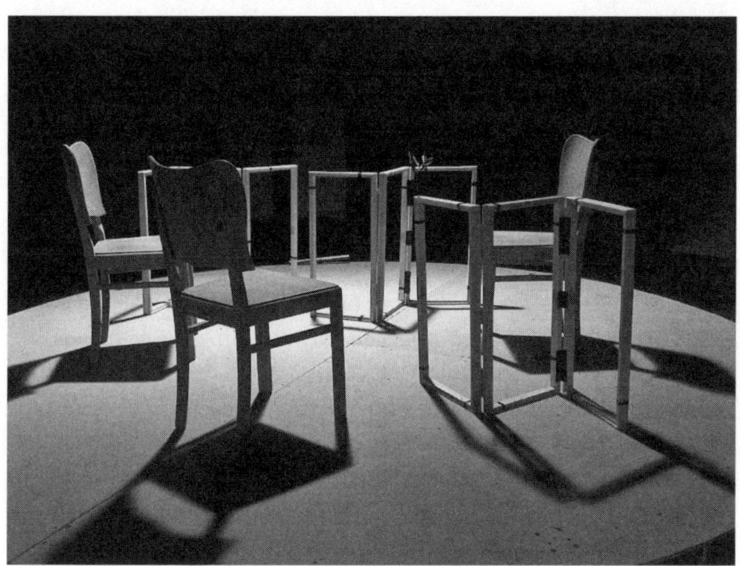

selbst wirklich bedeutend sind. Das ist oft schwierig genug und verlangt zunächst, dass man sich von dem Urteil anderer unabhängig macht.

Ich erinnere mich an eine Diskussion zwischen Peter Zadek und seinem Bühnen- und Kostümbildner Peter Pabst, ob es für einen jungen Regisseur sinnvoller sei, seine Karriere in einer großen Stadt oder in der sogenannten Provinz zu beginnen. Zadek war sich ganz sicher, dass es für die Entwicklung eines Regisseurs unerlässlich sei, unbeobachtet von der Presse an einem kleinen Theater seinen Weg zu starten. Nur so hätte ein junger Regisseur die Chance, zu seinem eigenen persönlichen Stil zu finden. In der Großstadt sei er viel zu leicht verleitet, eine Mode zu bedienen und zu wirkungsvollen Tricks zu greifen. Peter Pabst hielt dagegen: »Wer in der Provinz startet, bleibt in der Provinz.« Der Markt sei heutzutage so brutal, dass es für einen jungen Regisseur nicht mehr möglich sei, den Weg durch die kleinen Häuser zu gehen. Heutzutage müsse ein Regisseur schnell auf sich aufmerksam machen, um überhaupt wahrgenommen zu werden. Dieses Gespräch fand ungefähr 1990 statt. Ich denke, das darin beschriebene Dilemma besteht nach wie vor, hat sich vielleicht sogar verschärft durch die fortlaufende Suche nach immer jüngeren, neuen Talenten im Regiebereich.

Auf der einen Seite hat Zadek auch heute noch recht in Bezug auf die stabile Entwicklung einer künstlerischen Persönlichkeit. Und die fordernde Marktsituation für junge Regisseure verlangt mit Sicherheit eine stabile künstlerische Persönlichkeit. Aber es ist eine nicht zu leugnende Tatsache, dass der Druck groß ist, und also auch das Verlangen, schnell auf sich aufmerksam zu machen. Ein junger Regisseur muss heute einen Spagat zwischen starker Öffentlichkeitsarbeit und sorgsamer persönlicher Entwicklung schaffen.

Im Theaterberuf sind alle ständig von Wertungen umgeben. Schon in der Probe wird ein Vorschlag meist nicht sofort angenommen, sondern bewertet – mal subtil im Stillen, mal wird er laut diskutiert. Später kommen Zuschauer, Kollegen, Kritiker hinzu. Alle haben ihre Meinung und viele äußern sie. Und auch nicht immer auf konstruktive Weise. Mit diesen Meinungen und Wertungen ist man als Regisseur ständig konfrontiert. Es liegt eine große Gefahr darin, sich ausschließlich nach diesen Meinungen zu richten.

Manchmal richtet man sich danach, ohne dass es einem bewusst ist. Man trifft eine Entscheidung in der Arbeit, weil man eine bestimmte Meinung oder Wertung erinnert oder vorausahnt. Dieser Vorgang ist nie ganz auszuschalten – egal, wie sehr man sich bemüht.

Aber worum man sich bemühen sollte, ist das Entwickeln und Stärken der eigenen Stimme. Es beginnt damit, die eigene künstlerische Position zu erkennen, zu verfolgen und auch gegen andere Meinungen zu vertreten. Das ist ein schwieriger Vorgang, aber er bringt einen dazu, dass man seine eigene Urteilskraft findet und stärkt. Und die gehört zu den wichtigsten Qualitäten eines Regisseurs.

Macht und Verantwortung

»Jede Produktion ist so konstruiert: Wer ist der Boss? Der Schauspieler ist meistens der Herr Knecht, und wenn er sich wehrt, dann wird er selbst wie ein Boss, und das ist auch nicht die Lösung. Eine demokratische Form ist nur in einer kleinen Gruppe zu realisieren, in der die Menschen einander menschlich begegnen und versuchen, gerecht zu sein.«
George Tabori

Das Thema Macht ist ein zentrales Thema im Zusammenhang mit dem Beruf des Regisseurs. Die Position eines Regisseurs ist per se mit Macht verbunden und eine gewisse Machtausübung wird von der Person des Regisseurs auch erwartet.

Die klassischen Theaterbetriebe sind hierarchisch aufgebaut – der Leiter des gesamten Theaters ist der Intendant und der Leiter einer einzelnen Produktion ist der Regisseur. Da eine Theaterproduktion für eine bestimmte Zeit die Arbeitskräfte eines Theaterbetriebs an sich bindet, ist der Regisseur für die Zeit dieser Produktion in einer wichtigen Leitungsposition. Der Regisseur wird gerne als der definiert, der das Sagen hat. Beim genaueren Hinsehen differenziert sich dieses Bild.

Oft wird der Beruf natürlich von Menschen gewählt, die ein ausgeprägtes Machtinteresse haben. Aber auch wenn dieses Interesse manche Aspekte des Berufs erleichtert, ist Machtinteresse an sich ganz bestimmt kein zentrales Berufsmerkmal. Es sind andere Qualitäten, die wirklich wichtig sind: Führungsstärke und Verantwortungsbewusstsein. Und es ist klug von einem angehenden Regisseur, sich die Unterschiede klarzumachen.

Ein Regisseur sollte die Eigenschaft besitzen, Wichtigkeiten zu erkennen und danach zu handeln: inhaltliche, thematische Wichtigkeiten, aber auch die Bedeutung von auftretenden Problemen. Auf welche Art damit umgegangen wird, kann sehr unterschiedlich sein. Aber alle an der Produktion Beteiligten sollten das Gefühl bekommen, dass die anstehenden Arbeiten wahrgenommen und in Angriff genommen werden. Je größer die Produktion ist, desto souveräner muss der Regisseur mit der ihm gegebenen Führungsrolle umgehen können.

Ob ein Regisseur in den letzten Tagen alles noch einmal komplett ändert und so zu einem frischen, guten Ergebnis kommt oder ob in

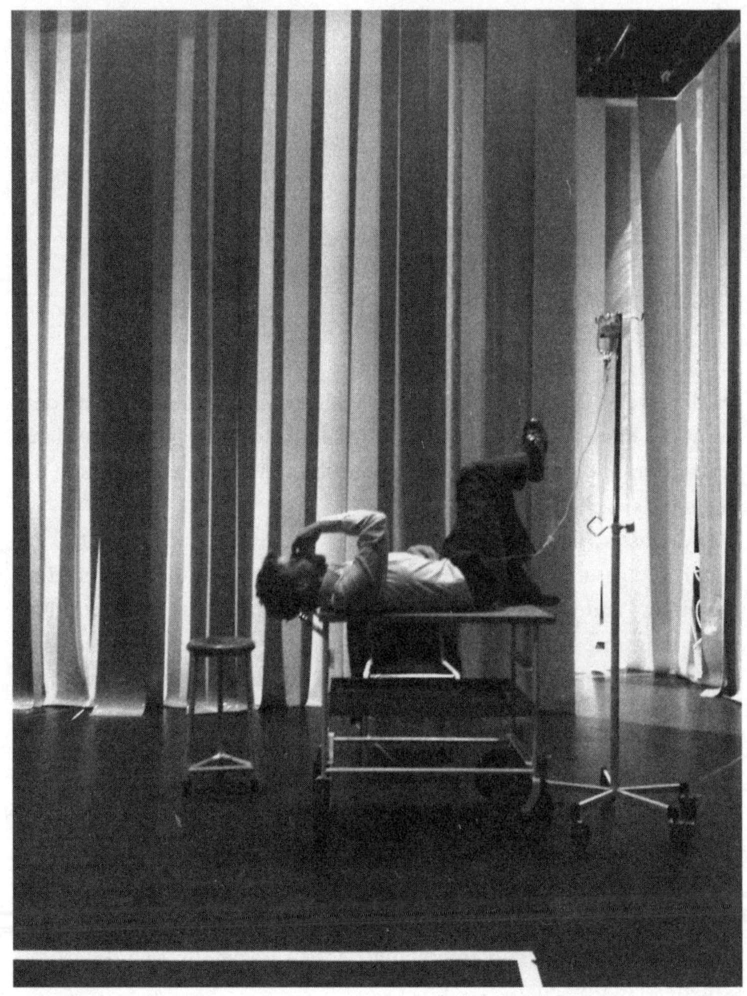

den Endproben die ganze Arbeit sich beruhigen und vertiefen kann, ist grundsätzlich mehr eine Frage des Temperaments und des Organisationstalents. Beide Wege können zu guten Ergebnissen führen. Wenn man aber zum Ende hin den Betrieb noch einmal komplett auf den Kopf stellt, sollte man zumindest wissen, was man von seinen Mitarbeitern verlangt. Wenn sie sich respektiert fühlen und den Eindruck haben, der Erfolg hängt von ihrem besonderen Einsatz ab, wird eine gute Arbeit in den meisten Fällen nicht durch den Betrieb verhindert. Gerade in den nicht direkt »künstlerischen« Bereichen arbeiten oft Menschen, die sich sehr bewusst für das Theater als Arbeitsplatz entschieden haben, und sie sind meistens bereit, sich über das übliche Maß hinaus zu engagieren, wenn sie das Gefühl haben, dadurch zum Gelingen eines guten Theaterabends beizutragen.

Und es ist nicht von Nachteil für einen Regisseur, von allen Berufen im Theater zumindest in groben Zügen zu wissen, wie ihre Arbeit in der Realität aussieht, um ihren Beitrag wahrnehmen und respektieren zu können.

In den siebziger Jahren gab es einen interessanten Versuch, die klassischen Hierarchien im Theater zu hinterfragen. Es ging darum, die eingefahrenen Machtstrukturen auf ihren tatsächlichen Wert hin zu überprüfen. Alle Entscheidungen, die üblicherweise von der Führungsebene gefällt wurden – wie Stückauswahl, Besetzung, inhaltliche Ausrichtung –, sollten offen diskutiert werden.

Zunächst wurde dieses sogenannte Mitbestimmungsmodell an kleineren Bühnen wie dem Theater am Neumarkt in Zürich und der Schaubühne in Berlin ausprobiert. In einem deutlich größeren Rahmen führte 1972 das Schauspiel Frankfurt unter der Leitung von Peter Palitzsch, Klaus Gelhaar und Peter Danzeisen die Mitbestimmung ein. Es wurde eine Vollversammlung aller im künstlerischen Bereich beschäftigten Mitarbeiter eingerichtet, in der die wichtigen künstlerischen und betrieblichen Entscheidungen getroffen wurden.

Im Nachhinein gefragt, ob Regisseure durch diese Art von Gremium nicht in ihrer Kreativität beschnitten wurden, sagte Peter Palitzsch: »Ich glaube das überhaupt nicht. Ich glaube, dass der Regisseur dadurch gezwungen wurde, sich genau zu überlegen, warum den, warum nicht den, dass er gezwungen wurde, für seine Entscheidungen Kriterien kommunizierbar zu machen. Das halte ich, der ich ja auch Regisseur bin, für einen ganz großen Wert.«[3]

Von 1972 bis 1981 hatte dieser Versuch Bestand und die Berichte Beteiligter bezeugen einerseits einen großen persönlichen Gewinn durch die ungewohnte Verantwortung, andererseits werden die Versammlungen als enorm kräftezehrend beschrieben. In den Augen vieler wurde

---

3 Peter Palitzsch u. a., »Ich glaube das Stück handelt davon, dass man irgendwie was selber in die Hand nehmen muss«, in: Gerd Loschütz und Horst Laube (Hg.), War da was? Theaterarbeit und Mitbestimmung am Schauspiel Frankfurt 1972 –1980, Syndikat Autoren- und Verlags-Gesellschaft, Frankfurt am Main 1980, S. 313.

zu viel Energie auf betrieblicher Ebene verbraucht. Und einige waren nach Ende dieser Zeit froh, sich wieder auf ihren eigentlichen Beruf konzentrieren zu können.

Aber auch wenn allgemein dieses Experiment als gescheitert angesehen wird, ist es in seinem Überdenken der Arbeitsstrukturen von nachhaltiger Bedeutung geblieben. Peter Palitzsch formulierte als ein Ziel dieses Experiments, »zu verstehen, wie man zusammen arbeiten muss, damit sich jeder maximal ausdrücken kann«.[4] In diesem Satz bringt Palitzsch auf den Punkt, dass es auch in dieser Diskussion nicht um die Machtfrage geht.

Es ist sinnvoll, eine klare Aufgabenverteilung zu haben. Auch die hierarchische Struktur hat sich bewährt. Allerdings muss der Regisseur an der Spitze neben seiner künstlerischen Aufgabe auch dafür Sorge tragen, dass alle übrigen Beteiligten ihre Arbeit so gut wie möglich machen können. Das ist die Verantwortung, die mit der Macht einhergeht, die ihm gegeben ist.

4 Ebd., S. 311.

Regie im Musiktheater

Dieses Buch befasst sich mit dem Bereich der Schauspielregie. Die Arbeit eines Regisseurs im Musiktheater unterscheidet sich erheblich von der Arbeit im Schauspiel. Da aber viele Regisseure in beiden Bereichen arbeiten, möchte ich kurz die wesentlichen Unterschiede skizzieren.

Auf den ersten Blick ist Regie im Schauspiel und im Musiktheater sehr ähnlich. In beiden Fällen geht es um einen Theaterabend und viele technische Details gleichen sich. Der große Unterschied im Musiktheater ist, dass durch die Musik der Rhythmus des Abends und die Höhe der Emotion schon vorgegeben sind. Im Schauspiel entsteht der Rhythmus eines Abends im Verlauf der gesamten Probenzeit. Der emotionale Ausdruck wird in den Proben herausgefunden und definiert. In der Musik, speziell im Gesang, ist die Emotion aber bereits zum Ausdruck gebracht. Der Regisseur im Musiktheater muss also daran arbeiten, dass seine Arbeit der vorgegebenen Linie entspricht.

Üblicherweise kommen die Sänger studiert zur szenischen Probe. Das bedeutet, sie haben lange vor den szenischen Proben begonnen, sich mit ihrer Partie zu beschäftigen und die Musik zu lernen. Zum Teil geschieht das schon mithilfe des musikalischen Leiters der Produktion, dem Dirigenten. Der Großteil dieser Vorarbeit wird aber am Klavier mit den dafür zuständigen Korrepetitoren erarbeitet. Entsprechend sind auch die szenischen Probenzeiten für Musiktheater wesentlich kürzer als für ein Schauspiel.

Wenn der Regisseur zu einer Produktion stößt, ist also ein wesentlicher Teil der Arbeit schon getan. Der Regisseur hat seine Vorarbeit mit Bühnen- und Kostümbildnern und dem Dramaturgen geleistet und muss nun anfangen, mit seinen szenischen Vorstellungen der Musik Raum und Bewegung zu geben.

Für die Arbeit mit den Sängern sollte der Regisseur wissen, was die Musik vom Sänger beim Singen verlangt. Es wäre unsinnig, eine Handlung zu inszenieren, die den Sänger hindert, die musikalische Forderung zu erfüllen. Außerdem sollte der Musiktheaterregisseur verstanden haben, auf welche Weise die jeweilige Musik erzählt. Denn der Gestus der Musik wird in jedem Fall bestimmend für den Abend sein, ob die szenische Lösung diesen Gestus unterstützt oder ihn kontrastiert.

Auch die Leitungsfrage ist bei der Oper anders als im Schauspiel. In den Proben mit Orchester gibt es zwei unterschiedliche Leiter der Probe: den Dirigenten und den Regisseur. Üblicherweise hat der musikalische Leiter das Vorrecht, aber das reibungslose Funktionieren der Probe ist natürlich auch eine Frage von Feingefühl und Absprache.

Für Musiktheaterregie gibt es eigene Ausbildungsmöglichkeiten, die den Akzent neben der dramaturgischen und szenischen Arbeit stark auf die Musik setzen.

Eine eigene Sparte bilden Musicals. Lange wurden Musicals in Deutschland mit gesangsbegabten Schauspielern und Opernsängern besetzt. Inzwischen gibt es eine Reihe von Schulen, die sich auf die Anforderungen dieser Sparte spezialisiert haben. Entsprechend gibt es auch mehr und mehr Regisseure, die sich auf diesem Gebiet zu Spezialisten entwickelt haben.

Mehr als im sonstigen Musiktheater ist beim Musical ein wesentlicher Mitarbeiter des Regisseurs der Choreograf. In manchen Stücken liegt es nahe, nicht nur einzelne Tänze, sondern sogar ganze Szenen choreografisch zu lösen. Entsprechend präzise muss die Vorarbeit von Regisseur und Choreograf sein.

Wie wird man Regisseur?

> *»Die Energie, die durch das Arbeiten produziert wird, ist wichtiger als alles andere. Lassen Sie sich also nicht davon abhalten, aktiv zu sein, und sei es auch unter den primitivsten Bedingungen, statt Zeit damit zu vergeuden, nach besseren Bedingungen Ausschau zu halten, die sich vielleicht nicht finden lassen. Am Ende zieht Arbeit Arbeit an.«*
> Peter Brook, WANDERJAHRE

Der klassische Weg zur Regie war meistens der durch den Betrieb: Entweder war man Schauspieler und entwickelte ein Interesse an dem Blick von der anderen Seite oder man war zunächst Regieassistent und lernte dadurch sowohl den Betrieb kennen als auch durch Zusehen das Handwerk eines Regisseurs. In den letzten Jahrzehnten sind im deutschsprachigen Raum eine Reihe von verschiedenen schulischen Ausbildungsmöglichkeiten für Theaterregie entstanden, die immer mehr an Bedeutung gewonnen haben.

Es gibt Regisseure, die als Quereinsteiger aus ganz anderen Berufen zur Regie gekommen sind oder den Weg über eine eigene freie Theatergruppe gewählt haben, aber meistens sind es diese beiden Wege, der schulische und der praktische, die heute überwiegen – und oft gegeneinander ausgespielt werden.

Momentan scheint der Weg durch die Regieschule höher bewertet zu werden. Das hat auch damit zu tun, dass von einem jungen Regisseur heute (zumindest von Seiten der Presse) weniger die saubere Beherrschung des Regiehandwerks verlangt wird als ein sehr persönlicher Zugriff auf die Arbeit. Und dieser persönliche Zugriff – oder die Handschrift – ist auf einer Regieschule oft leichter zu kultivieren.

Dennoch haben beide Ausbildungsmöglichkeiten Vor- und Nachteile. Ein großer Fehler ist nur eine Ausschließlichkeit. Manche Absolventen einer Regieschule haben das Gefühl, sie müssten sofort nach der Ausbildung ihren Weg als Regisseur starten. Dabei könnte es für sie sehr hilfreich sein, noch eine Zeit als Assistent einem erfahrenen Regisseur über die Schulter zu schauen – ohne den Druck, sich selbst in dieser exponierten Position bewähren zu müssen.

In jedem Fall ist es sinnvoll, vor die Ausbildungsentscheidung eine praktische Berufserfahrung zu setzen. Am einfachsten geht das, indem

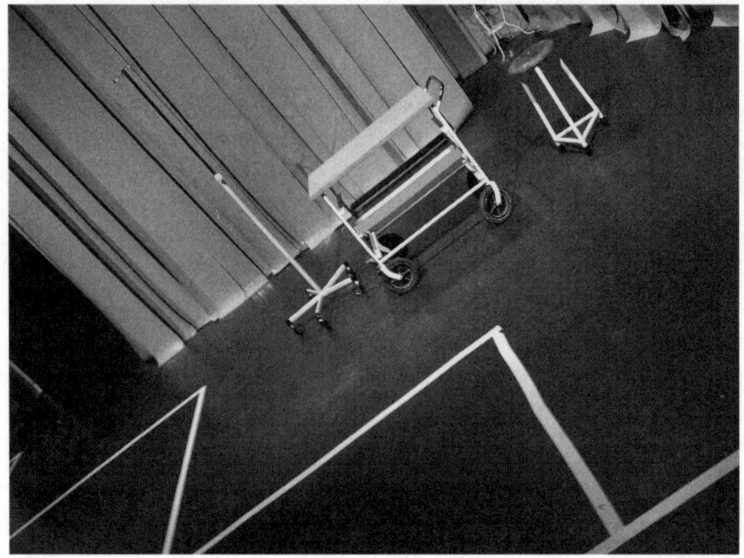

man eine Hospitanz macht. Als Hospitant hat man die Chance, eine Produktion komplett zu begleiten und so einen realistischen Blick auf den angestrebten Beruf zu bekommen. Als Regiehospitant ist man dem Regieassistenten untergeordnet und hilft überall, wo Hilfe gebraucht wird. Hospitanzen sind in der Regel unbezahlt.

Regieschule

Manche Regieschulen sind – mehr oder weniger – an Schauspielschulen angeschlossen und manche verstehen sich eher als freies Kunststudium: Die Ausbildungsansätze unterscheiden sich teilweise deutlich voneinander.

Während Schulen wie das Max Reinhardt Seminar in Wien und das Mozarteum in Salzburg durch die starke Verbindung mit der Schauspielausbildung einen Schwerpunkt auf die Arbeit mit dem Schauspieler legen, sind die Ausbildungen an den Universitäten in Hildesheim und Gießen sehr viel mehr auf das konzeptuelle Arbeiten ausgerichtet. Interdisziplinäre Projekte oder die Einbindung neuer Medien sind hier wichtiger als die traditionellen Theaterformen.

Ob für einen selbst der eine oder andere Lehrschwerpunkt wesentlicher ist, muss jeder für sich entscheiden. Manche Regisseure, wie Nicolas Stemann oder Jan Philipp Gloger, haben sogar an jeweils zwei Schulen studiert, um von den verschiedenen Ansätzen zu profitieren. Der große Vorteil beim Studium auf der Regieschule ist die Zeit, die einem geschenkt wird, um sich mit seinen Zielen und Möglichkeiten zu befassen. Der Nachteil ist, dass man relativ spät mit dem tatsächlichen Theaterbetrieb in Berührung kommt.

Regieassistenz

Der Weg über die Assistenz zur Regie ist ein sehr praktischer Weg. Als Regieassistent ist man mit der Organisation der täglichen Proben betraut und hat in dieser Position die Möglichkeit, den ganzen Theaterbetrieb in all seinen Facetten kennenzulernen. Die Arbeit des Assistenten hat mit der späteren als Regisseur wenig zu tun, aber ermöglicht, Regiearbeit aus nächster Nähe zu beobachten.

Zunächst kann man als Assistent sehr gut ganz klar handwerkliche Dinge lernen: wie man überhaupt Proben einteilt, wie man dafür die Struktur eines Stückes erfasst und was diese Struktur für eine Konsequenz für den Probenablauf hat. Man bekommt mit, wie Proben sinnvoll und effizient ablaufen, aber auch, wann man den Probenablauf beschleunigen muss, wann man ihn verlangsamen kann.

Da ein Theater ein komplexer Betrieb ist, wird ein Berufsanfänger eine gewisse Zeit brauchen, bis er sich bei diesen Aufgaben orientiert hat. Was er dabei lernt, wird ihm allerdings später immer eine große Sicherheit den betrieblichen Fragen gegenüber geben. Und er wird seine Energie dann auf die wesentlichen, inhaltlichen Aspekte der Arbeit konzentrieren können. Üblicherweise bekommt ein fest angestellter Regieassistent nach einiger Zeit die Chance zu einer eigenen Inszenierung, meistens natürlich zunächst in kleinerem Rahmen.

Die Arbeit als Regisseur verlangt nicht nur gute Ideen und ästhetisches Urteilsvermögen, sondern auch ein großes Maß an Führungsqualität und auch Einfühlungsvermögen in die Struktur eines Theaterbetriebs. Die ersten beiden Qualitäten können sicher in einer guten Regieausbildung trainiert werden, die Führungsqualitäten entwickeln sich meistens erst in der tatsächlichen Inszenierungsarbeit, aber das Verständnis für die praktischen Bedürfnisse des Betriebs erlangt man bestimmt am einfachsten als Regieassistent.

Regie aus Sicht eines Regielehrers: Gespräch mit Manfred Karge

Manfred Karge, geboren 1938 in Brandenburg, studierte an der Berliner Schauspielschule, wurde danach von Helene Weigel als Schauspieler und Regieassistent an das Berliner Ensemble geholt. Dort lernte er Matthias Langhoff kennen, mit dem er bis in die achtziger Jahre gemeinsam inszenierte. Als Schauspieler hatte er neben seiner Theaterarbeit auch beim Film Erfolg. 1969 wechselte er vom Berliner Ensemble zu Benno Besson an die Berliner Volksbühne. Unter der Regie von Benno Besson spielte Manfred Karge den Hamlet, gemeinsam mit Matthias Langhoff inszenierte er u. a. DIE WILDENTE von Ibsen, in der er auch den Hjalmar Ekdal spielte. 1978 gingen Karge / Langhoff zunächst ans Schauspielhaus Hamburg und nach Genf, 1980 zu Claus Peymann ans Schauspielhaus Bochum. Die Uraufführung von Heiner Müllers ANATOMIE TITUS FALL OF ROME war dort 1983 die letzte gemeinsame Arbeit der beiden Regisseure. 1986 ging Karge mit Peymann nach Wien ans Burgtheater. 1993 kehrte er zurück nach Berlin, schließlich zurück auch an das Berliner Ensemble. Von 1993 bis 2003 leitete er das Regie-Institut der Hochschule für Schauspielkunst »Ernst Busch« Berlin. Als Autor hatte Manfred Karge Erfolge mit den Stücken DIE EROBERUNG DES SÜDPOLS, MAUERSTÜCKE, LIEBER NIEMBSCH und dem Solostück JACKE WIE HOSE, das 1991 von John Maybury unter dem Titel MAN TO MAN mit Tilda Swinton in der Hauptrolle verfilmt wurde.

Boris von Poser: Sie haben zehn Jahre als Leiter des Regie-Instituts der »Ernst Busch«-Schule mit Sicherheit Erfahrungen mit sehr unterschiedlichen Werdegängen machen können. Sagen Sie im Rückblick manchmal, dass Sie oft zu junge Studenten aufgenommen oder sich im Gegenteil oft mit zu vorgeprägten Persönlichkeiten auseinandergesetzt haben?

Manfred Karge: Es gab sowieso ein Regelalter, ich weiß gar nicht mehr so genau, wie das war, aber das wurde nicht so ernst genommen. Es gab immer irgendwelche Ausnahmen. Aber da sind wir vielleicht schon bei dem schwierigsten Thema dieser ganzen Ausbildung. Das sind die Aufnahmeprüfungen. Wenn ich so zurückblicke, war das immer das Problematischste in diesem ganzen Jahr. Fast jedes Jahr haben wir uns wieder hingesetzt und gefragt: Wie schaffen wir neue Kriterien? Wir haben immer wieder Neues ausprobiert. Weil wir letztlich immer überlegten: Kommen wir wirklich an die Leute ran, die richtig für diese Ausbildung sind? Das ist in diesem Gebiet relativ schwierig. Das hängt damit zusammen, dass das Berufsbild verschwommen ist. Auch sind die Werdegänge von Regisseuren sehr unterschiedlich. Die Abgänger von den Schulen sind nur ein Teil. Der andere nimmt den Weg über die Praxis: über Regieassistenzen oder über Studententheater oder Amateurtheater im Allgemeinen. Das ist ein ganz breites Feld. Und die Leute, die den Weg über die Schule nehmen, müssen in gewisser Weise dafür prädestiniert sein.

Boris von Poser: Prädestiniert für einen schulischen Weg?

Manfred Karge: Ja, für das Schulische. Ich entsinne mich an Leute, die sich bei uns beworben haben, die wir durchaus talentiert fanden, aber denen wir gesagt haben: »Ich weiß nicht, ob du der Typ bist, das über eine Schule zu machen. Probier es doch über einen dieser anderen Wege.« Und dann wiederum entsinne ich mich, dass wir auch innerhalb des Studiums gemerkt haben, wie unterschiedlich stark Leute die Bindung an die Schule suchten. Manche nahmen das etwas freier und manche nahmen die Schule als ein schützendes Dach – diejenigen, die wirklich über diesen Weg gehen wollten.

Da fällt mir eine Geschichte von Thomas Ostermeier ein. Der war schon auf der Schule außerordentlich gut. Man merkte, dass das ein Bursche ist, aus dem etwas wird. Und ich entsinne mich an ein Gespräch mit ihm, ich weiß nicht mehr, wann das war, im dritten Jahr oder so, bei dem ich ihm sogar vorgeschlagen habe, doch eher von der Schule zu gehen. Man hatte schon gemerkt, der war weiter als andere. Ich sagte ihm, ich würde mich dafür einsetzen, dass er auf anderem Wege sein Diplom machen kann, wenn er eher ginge. Und mich hat damals sehr verwundert, dass der Thomas gesagt hat, nein, er wolle die Schule wirklich zu Ende machen. Also er wollte wirklich dieses Angebot wahrnehmen, vier Jahre unter diesem schützenden Dach zu arbeiten. Leute, die diesen schulischen Weg gehen wollen, die ihn brauchen – das ist schon ein bestimmter Typ. Ein bestimmter Charakter und eine bestimmte Art, zu arbeiten.

Aber der kritische Punkt sind wirklich die Aufnahmeprüfungen. Das haben wir uns nicht leicht gemacht. Vielleicht haben wir es uns auch zu schwer gemacht, weiß ich nicht. Aber eigentlich jedes Jahr waren wir unzufrieden. Es meldeten sich ungefähr immer so 150, die sich schriftlich beworben haben. Und sind das nun schon die Richtigen?

Also sind das eigentlich die, die man erreichen müsste? Oder erreicht man die geeignetsten Kandidaten wieder ganz anders? Es war auch erstaunlich, dass man von diesen 150 mit Hängen und Würgen die übliche Anzahl zusammenbekommt – das waren bei uns immer zwischen fünf und sieben. Ihr wart ja viel weniger am Reinhardt Seminar.

Boris von Poser: Wir waren in meinem Jahrgang nur zwei, aber die Regel waren damals eher vier.

Manfred Karge: Bei uns war die magische Zahl sieben. Ich erinnere mich an ein Jahr, da hatten wir nur eine talentierte junge Frau gefunden, das war die Andrea Moses. Ich war relativ frisch an der Schule und habe ziemlich salopp gesagt: »Dann nehmen wir eben eine, wenn wir nur eine finden, die gut ist.« Da waren meine Kollegen äußerst verunsichert. Sie sahen das ganze Institut wegschwimmen, wenn nicht genügend Studenten da sind. Dann haben wir Nachprüfungen gemacht und haben am Ende fünf zusammengekriegt.

Boris von Poser: Bei uns waren wir in der letzten Runde, die mehrere Tage dauerte, noch vier Leute. Wir dachten natürlich, die nehmen uns am Schluss alle, weil sie in den Jahren davor immer vier genommen hatten. Und dann wurden nur zwei genommen. Aber einer von den anderen beiden ist ein Jahr später an der Schule in Hamburg genommen worden. Das kann auch sein, dass man in eine Schule nicht passt, aber für die andere richtig ist.

Manfred Karge: Ja. Denn es kommen auch andere Kriterien hinzu. Wenn man sagt, es sind sieben, dann setzt man einen Studiengang auch gezielt zusammen. Man baut eine Art Ensemble. Weil die Studenten vier Jahre zusammen sein werden, sucht man schon in der Zusammensetzung eine gewisse Produktivität. Das kann man vielleicht gar nicht im Einzelnen beschreiben, was das ist. Weil natürlich so unterschiedliche Leute aufeinander treffen, das spielt auch eine Rolle. Es gibt eigentlich sehr viele Kriterien für die Zusammensetzung einer solchen Klasse. In der Weihnachtszeit ging es schon damit los, dass wir die Bewerbungen gelesen haben und jedes Jahr wieder neu überlegt haben: Wie stellen wir andere Aufgaben? Oft ist dann der Satz gefallen im Kollegium: »Wir können ja von Leuten nicht etwas verlangen, was sie erst lernen sollen.« Nach vier Jahren sollen sie das vielleicht einigermaßen begriffen haben. Also: Wie hoch schraubt man da die Latte schon bei der Prüfung?

Boris von Poser: Können Sie im Nachhinein sagen, was für Sie inzwischen die wichtigste Voraussetzung für einen angehenden Regisseur ist?

Manfred Karge: Ich glaube, ich kann es wirklich auf eine Formel bringen: Das ist szenische Fantasie. Ich glaube, das ist das A und O. Ob jetzt einer mit Abitur kommt oder einer, der nicht mal Abitur hat. Obwohl ich glaube, auf der Hochschule muss man Abitur haben, aber in den künstlerischen Fächern werden auch Ausnahmen gemacht. Aber hat jemand die Potenz, es zu diesem Beruf zu bringen? Das ist ganz, ganz schwer festzustellen. Es fängt schon damit an, wie sich jemand ausdrückt. Vielleicht trägt er diesen Keim szenischer Fantasie in sich. Aber kann er das auch formulieren? Es ging immer darum herauszufinden: Ist diese szenische Fantasie vorhanden und wie stark ist sie?

Boris von Poser: Inzwischen gehen die meisten Regiestudenten direkt nach ihrer Ausbildung an die Theater, ohne eine Zeit lang an einem Theater oder bei einem Regisseur zu assistieren. Das wird befördert durch die starke Suche der Theater nach immer jüngeren Regisseuren. Kann denn die Regieschule dieses Praxisdefizit überhaupt ausgleichen?

Manfred Karge: Das hängt davon ab, wie die Ausbildung stattfindet. Unsere Ausbildung war sehr praxisbezogen. Ich gehörte zu den Lehrern, die neben der Hochschularbeit weiter an Theatern als Regisseur gearbeitet haben, also weiter gespielt und weiter inszeniert haben. Das war natürlich für die Studenten, mit denen ich zu tun hatte, sehr günstig, weil ich viele Gelegenheiten suchte, um sie in diese Arbeiten mit einzubinden. Teilweise ist mir das in ziemlich großem Umfang gelungen. Zu diesem ganzen FAUST-Projekt, das ich in Weimar beim Kunstfest angefangen und dann in Bremen zu Ende gebracht habe, konnte ich einen ganzen Studiengang mitnehmen. Das waren diese Studienjahre mit Thomas Ostermeier, Christian von Treskow, Tom Kühnel, Robert Schuster und Hannes Hametner, die waren jahrelang mit mir auf Tour. Die waren in Weimar, haben da assistiert, auch mitgespielt und haben dort auch schon selbst kleinere Sachen inszeniert. Fünf Jahre Beschäftigung mit dem Faust-Thema in all seinen Schattierungen! Schon im zweiten Jahr wurden sie ein bisschen aufmüpfig. Sie meinten: »Immer nur Goethe, Goethe … Lenz! Lenz! Lenz müssten wir machen!« Da habe ich gesagt: »Dann machen wir doch Lenz. Macht mir Vorschläge!« So kam es zu einer sehr schönen Lenz-Nacht mit verschiedenen Lenz-Texten und zu einer anregenden Bereicherung des offiziellen Programms. Es ist selbstverständlich, dass solch eine gemeinsame praktische Arbeit wiederum Raum schafft für die notwendige theoretische Verständigung.

Boris von Poser: Sie haben einmal von der Auseinandersetzung mit den Methoden von Brecht und Stanislawski in Ermangelung anderer detaillierter Aufzeichnungen von Regiemethoden gesprochen …

Manfred Karge: Ich habe tatsächlich sehr bedauert, dass viele von mir sehr geschätzte Theaterleute keine Zeile hinterlassen haben. Es ist über sie geschrieben worden, aber das ist nicht das Gleiche. Der Punkt ist, dass man sich überhaupt mit einer Haltung auseinandersetzt. Dafür ist es wichtig, dass man Material hat. Dann kann man sich dazu verhalten. Man kann sich davon abgrenzen oder kann sich etwas nehmen. Man kann sagen: Das gefällt mir, das gefällt mir nicht, das und das sagt mir zu und so weiter. Man kann über etwas reden. Wenn man nur einen leeren Tisch hat oder ein leeres Blatt Papier – worüber redet man dann?

Boris von Poser: Sie sagen, dass es besonders wertvoll sei, mit dem theoretischen Werk dieser wichtigen Theatermacher ein gutes Werk-Zeug zu besitzen. In einer immer orientierungsloser werdenden Zeit sei ein solches Material und das Sich-Messen an ihm von großem Wert.

Manfred Karge: Natürlich, das ist ganz wichtig, dieses Sich-Messen an Erfahrungen, an Vorschlägen, am Dichter, aber auch an einer politischen Situation, damit eine Reflexion entsteht. Wenn jemand nur aus sich heraus arbeitet, ist es ganz schwierig. Man kann nur beurteilen, wie sich jemand zu etwas verhält. Wenn er sich nur zu sich selbst verhält, ist es ganz schwierig, irgendetwas zu entdecken, oder?

Boris von Poser: Sie haben auch gesagt, wie wichtig es ist, im allseitigen Gespräch politische Ansichten zu gewinnen sowie Absichten zu formulieren, ohne die man keine Abbildungen herstellen, also nicht Theater machen kann.

Manfred Karge: Man muss rauskriegen, was jemand überhaupt will, wofür er steht, wofür nicht oder wogegen. Aber das ist tägliche Kleinarbeit in der Ausbildung.

Boris von Poser: Welche Aspekte der Regiearbeit sind denn tatsächlich von einer Regieschule vermittelbar?

Manfred Karge: Vieles in diesem Arbeitsfeld entsteht aus der Erfahrung, der Fantasie und dem Temperament des Schauspielers sowie des Regisseurs, aber eine ganze Reihe von Maßnahmen kann erprobt und erlernt werden. Wie liest man einen Theatertext? Was ist der dramatische Kern einer Szene? Was ist ihr sozialer, ihr politischer Gehalt? Nach welchen Gesichtspunkten gilt es, Widersprüche in den Figuren und szenischen Vorgängen produktiv zu machen? Wo befinden sich die Drehpunkte des Geschehens? Wie entdeckt man die Vorgänge der Handlung und wie macht man sie sichtbar? Wie definiert man die Spielweise eines Stückes und welche spielerischen und inszenatorischen Griffe sind nötig, um die Spielweise zum Tragen zu bringen? Wie organisiert man den Probenprozess, um das produktive Maß zwischen Intuition und Ratio, zwischen Improvisation und kalkuliertem Vorschlag herzustellen? Wie stellt man sich auf die spezielle Arbeitsweise, auf die Fantasie des Schauspielers ein? Wie kann man aus dem konkreten Material einer Szene einen künstlerischen Vorgang gewinnen? Was ist überhaupt ein szenischer Vorgang? Und immer wieder besteht die Hauptaufgabe in der Beantwortung der Hauptfrage: Wie wende ich die theoretische Analyse in der praktischen Arbeit an? Es bedarf also der ständigen Erprobung: »Der Pudding erweist sich beim Essen.«

Boris von Poser: Sie selbst hatten einen sehr praxisnahen Weg zur Regie: Sie waren Schauspieler, Regieassistent und wurden dann zum Regisseur. Hätten Sie im Nachhinein gern die Möglichkeit einer Regieausbildung gehabt?

Manfred Karge: Das kann ich nicht sagen. Die Frage ist nicht zu beantworten. Es ist so, wie es gegangen ist und das war gut so. Ich habe auf der Schauspielschule mit dem angefangen, was ich bis heute mache – dass ich zwischen verschiedenen Berufen so hin und her gehe, obwohl das eine reine Schauspielausbildung war. Regieausbildung gab es zu meiner Zeit überhaupt noch nicht. Ich habe damals während der Ausbildung ein Stück geschrieben und habe dieses Stück mit meinen Kommilitonen inszeniert. Das ist entstanden, ohne dass ich mir großartig vorgenommen hätte, Regie zu führen. Aber wenn ich das nicht gemacht hätte, wäre vielleicht vieles ganz anders gekommen. Wir hatten auch kein eigenes Theater damals in Berlin-Schöneweide. Und so sind wir mit dieser Aufführung in die Kulturhäuser der Stadtbezirke gegangen und haben da gespielt. Das war damals noch nicht so üblich wie heute, dass man schon als Schauspielschüler an einem Theater arbeitet. Man absolvierte seine drei Jahre, dann kam das Intendantenvorsprechen und dann wurde man eben engagiert als Schauspieler. Und wenn man dann irgendwie Regieambitionen hatte, entwickelte man die daraus. Aber diese meine Aufführung damals hat Elisabeth Hauptmann, die legendäre Brecht-Mitarbeiterin, gesehen und sie ist zur Helene Weigel gegangen und hat gesagt: »Guck dir den Studenten doch mal an, der spielt, der schreibt und der führt Regie.« Und auf die Weise bin ich im BE gelandet.

Boris von Poser: War das eigentlich ein Assistentenvertrag mit Spielverpflichtung oder ein Schauspielvertrag mit Assistenzverpflichtung?

Manfred Karge: Assistenz hieß es nicht, man nannte das etwas vornehmer »Mitarbeiter für Regie und Dramaturgie«. Ich hatte also einen solchen Vertrag mit Schauspielverpflichtung. Und genau zu dieser Zeit wurde die Mauer gebaut und die Westberliner Schauspieler blieben weg. So bekam ich sofort ein paar Rollen.

Boris von Poser: Trotzdem haben Sie auch noch weiter assistiert?

Manfred Karge: Dazu kam es gar nicht mehr. Es ging dann alles sehr schnell. Der Matthias Langhoff kam auch ans BE, wir entdeckten gemeinsame Interessen, freundeten uns an und machten sehr schnell eine eigene Inszenierung. Wie es dazu kam, ist eine sehr kuriose Geschichte. Wir waren noch Frischlinge, Matthias und ich. Und so hatten wir noch nicht verinnerlicht, dass man in diesem Kolleg mindestens sieben, acht Jahre zu dienen hat, ehe man irgendwann mal, vielleicht, etwas selbst inszenieren darf. Unten im Hof gab es das berühmte schwarze Brett, wo die Besetzungen hingen und die Probenpläne. Da stand eines Tages: Erich Engel inszeniert SCHWEYK IM ZWEITEN WELTKRIEG. Und wir wunderten uns, dass viele gute Schauspieler aus dem Ensemble nicht in der Besetzung waren. Da haben wir uns gesagt: Da kann man doch etwas machen. Dieser Gedanke war für uns nur möglich, weil wir noch nicht so indoktriniert waren.

Klar war, es musste von Brecht sein. Es konnte auch nicht eins von den großen Stücken sein, sondern wir mussten irgendeine Nische finden. Wir kannten ein Foto von dem MAHAGONNY SONGSPIEL 1927 bei den Wochen der modernen Musik in Baden-Baden. Dieses Foto hat uns immer schon begeistert. Boxring, Huren, Holzfäller … ein altes Foto, Brecht an der Seite stehend. Das wäre doch etwas für uns, dachten wir. Am nächsten Morgen sind wir zu Helene Weigel gegangen und haben gesagt: »Helli, wir wollen eine Inszenierung machen, bei Engel sind ja so viele gute Schauspieler nicht besetzt, da könnte man doch wunderbar etwas machen!«

Dass da junge Leute mit so etwas kamen, das war für die Weigel völlig überraschend. »Ja, was wollt ihr denn machen?« »MAHAGONNY SONGSPIEL.« »Na, Buabn, bringts mir a Besetzung!« Wir ab ins Brecht-Archiv, um den Text zu holen. Das ganze Archiv lachte. »Das MAHAGONNY SONGSPIEL hätten wir auch gern. Der Text ist verschollen.« Jetzt saßen wir da. Fast eine Inszenierung in der Tasche, aber kein Stück. Und da haben wir in unserem jugendlichen Leichtsinn beschlossen, wir sagen nichts und machen uns den Text selbst. Wir haben uns das Libretto von der Oper AUFSTIEG UND FALL DER STADT MAHAGONNY besorgt. Dann sind wir zur Elisabeth Hauptmann gegangen, zu der wir ein gutes Verhältnis hatten, und haben sie gefragt: »Wie war denn das damals 1927?« »Dieses Songspiel, ja, das ist ja schon lange her, da gab es so einen Erzähler …« »Welche Rollen gab es denn da?« »Nur die beiden Mädchen und die vier Holzfäller.« Und dann haben wir gestrickt. Aus dem Libretto der Oper diesen Handlungsfaden mal herausgenommen, die ganzen Opernsachen weggelassen, und einen Erzähler eingefügt. Dessen Text haben wir im Brecht-Stil geschrieben. Hans-Dieter Hosalla, der musikalische Leiter, hat sich die Partitur von der Oper besorgt und hat dann eine Fassung zu unserem Text gemacht. Und dann haben wir das inszeniert. In sechs Wochen. Das war auch total unüblich. Aber mit den besten Leuten – eine Bombenbesetzung. Und es war ein Riesenerfolg. Wahrscheinlich nicht nur, weil die Sache gut war, sondern weil völlig unerwartet hier plötzlich so ein verrücktes, lebendiges Theater stattfand. Und an der Premierenfeier sind wir runter in die Kantine und haben gesagt: »Helli, wir müssen Ihnen was beichten. Das ist eigentlich nicht so richtig von Brecht, was wir da heute gespielt haben.« »Was?« »Naja, wir haben da …« »Ihr Lauser!«, sagte sie. »Ihr Lauser!« Aber sie war glücklich, weil es eine gelungene Aufführung war.

Diese Geschichte habe ich nun sehr ausführlich beschrieben, aber vielleicht ermutigt sie doch den einen oder anderen dazu, in diesem Metier auch mal kühne und verrückte Wege zu gehen.

Boris von Poser: Sie haben sehr lange nicht alleine inszeniert, sondern in einem Regieteam. Aus dem Regie-Institut kamen einige Regieteams. Was sind die Vorteile?

Manfred Karge: Der Hauptpunkt dabei war, dass wir eben sehr befreundet waren, der Matthias und ich. Obwohl wir sehr unterschiedliche Naturen waren, hatten wir doch einen gemeinsamen Nenner. Und dann haben wir entdeckt, dass es Vorteile hat, wenn man das zusammen macht. Man ist zum Beispiel nicht so abhängig von der Tagesform, um mal einen Grund zu nennen. Einer ist mal besser drauf als der andere. Einer kann mit dem einen Schauspieler besser als der andere. Die Schauspieler haben, wenn ich die später gefragt habe, immer gesagt, sie fanden das insofern angenehm, als es freier von Launen und Befindlichkeiten war. Es war objektiver, würde ich sagen. Abgesehen davon, dass es uns auch Spaß gemacht hat. Und Theater ist Teamarbeit, auch wenn zwei nun das kleinstmögliche Team ist. Wann habe ich schon mal das Glück, dass ich einen Mitarbeiter habe, mit dem ich so intensiv und produktiv zusammenarbeiten kann? Aber der Grundstock bei uns war die große Freundschaft, die bis heute anhält.

Boris von Poser: Vielleicht zum Schluss noch mal ein Wort zu der Regieausbildung.

Manfred Karge: Eine Entscheidung für das Regie-Institut bedeutet, gemeinschaftliche Aneignung von künstlerischem Handwerk in Theorie und Praxis, wobei ich mich immer weitgehend als »Animator« verstanden habe, als einer, der den Lernenden einen »künstlerischen Raum« schafft, in dem sie ihren eigenen Weg ausschreiten lernen.

Kann man also Regie lehren? Man kann Handwerk vermitteln, man kann Wissen vermitteln, man kann Erfahrungen weitergeben, man kann Aufgaben formulieren, man kann Kritik üben, man kann, wie bereits gesagt, einen »künstlerischen Raum« schaffen. Das Regieführen mit seinen komplexen Erkundungen und Entschlüssen muss der Studierende sehr bewusst am eigenen Leib »erfahren«, nur so wird er seine »Erfahrungen« mit einem bestimmten, konkreten Gegenstand auch bei einem anderen anwenden können. So formuliert, kann man behaupten, dass man Regieführen nur mittelbar lehren kann: *Man kann lehren, es zu erlernen.*

Das Gespräch fand im März 2011 in Berlin statt.

II. Der Alltag des Regisseurs

Verlauf einer Produktion

Die Vorbereitung

> *»Es liegt eine große Versuchung darin, die ganze Inszenierung vor dem ersten Probentag vorzubereiten.*
> *[…] es ist eine gute Vorbereitung – aber wenn ich die Schauspieler auffordern wollte, das Skizzierte umzusetzen, was ich vor drei Tagen oder drei Monaten aufgezeichnet habe, würde ich jedes bisschen Leben abtöten, das im Augenblick der Probe entstehen kann.«*
> Peter Brook, Das offene Geheimnis

An der Entscheidung, ein bestimmtes Stück an einem Theater zu inszenieren, ist häufig der Dramaturg beteiligt. Speziell, wenn der Regisseur das produzierende Haus noch nicht gut kennt, hat der Dramaturg eine wichtige vermittelnde Funktion. Er oder sie ist meist der erste Gesprächspartner des Regisseurs. Die wichtigsten Fragen sind dabei: Wie relevant ist das Stück? Entzündet sich die Fantasie des Regisseurs beim Lesen? Ist es an dem jeweiligen Theater machbar?

Der Regisseur muss sich allerdings auch damit auseinandersetzen, dass die Theaterleitung noch andere Fragen in Bezug auf die Auswahl hat: Passt das Stück ins Programm des Theaters? Wird sich das Publikum in ausreichendem Maß für eine Inszenierung dieses Textes interessieren? Lässt sich das Ensemble gut unterbringen? Welche dieser Fragestellungen für das Theater im Vordergrund steht, entscheidet auch darüber, ob ein Theater zuerst ein Stück hat und dafür einen Regisseur sucht, oder ob man sich für einen Regisseur interessiert und mit ihm gemeinsam versucht, ein geeignetes Stück zu finden.

Wenn das Stück feststeht, beginnt die konkrete Vorarbeit des Regisseurs. Vorrangige Entscheidungen sind jetzt die Besetzung und die Frage, wer Bühne und Kostüme entwirft. Besetzung und Raumidee sind der erste Ausdruck des gedanklichen Zugriffs auf das Stück.

Über die Besetzung wird gemeinsam mit Theaterleitung und Dramaturgie entschieden. Manchmal hat man das Stück schon für einen speziellen Schauspieler ausgewählt. Oder das Ensemble ist durch die fest engagierten Schauspieler vorgegeben. Bei einigen Stücken macht man sich erst auf die Suche nach den geeigneten Darstellern. In jedem

Fall ist die Besetzungsentscheidung bereits eine sehr wesentliche Interpretation des Stücktextes und prägt die gesamte Produktion.

Daneben beginnt die Arbeit mit Bühnen- und Kostümbildnern. Hier wird die Ästhetik des Abends festgelegt und dadurch oft auch die Arbeitsweise. Wird der Raum realistisch? Verlangt er eine starke Form? Ist er offen? Jede dieser Möglichkeiten gibt dem Probenverlauf eine völlig andere Richtung.

Auch die Erfindung der Kostüme kann einer starken Formidee folgen, ist aber natürlich vielmehr an die Schauspieler gebunden und hat entsprechend eine wesentliche Entwicklungsstufe noch während der Proben.

Wenn die Bühnenideen Form angenommen haben, kommt es noch vor den szenischen Proben üblicherweise zu einer Bauprobe im Theater. Dabei wird das Bühnenbild markiert und auf Funktionalität und Machbarkeit hin überprüft. Haben Regisseur und Bühnenbildner bislang vor einem Bühnenbildmodell gearbeitet, können sie sich jetzt einen Eindruck von den wirklichen Proportionen verschaffen und bei dieser Gelegenheit auch noch Änderungen vornehmen. Ein weiterer Zweck dieser Probe ist, dass die Werkstätten des Hauses den Entwurf entgegennehmen und über die Herstellung beraten.

Die Proben

> *»Was auf den Proben passiert, ist dasselbe, was in der Aufführung passiert. Sind die Proben neurotisch und kaputt, wird die Aufführung auch so. […] Das heißt, wenn Du eine große innere Ruhe, eine Harmonie oder große Vitalität in den Proben hast, entspricht das dem, was später auf der Bühne passiert. Ist der Rhythmus der dreimonatigen Proben gut und organisch, lässt er sich auch in der Aufführung erhalten.«*
> Peter Zadek, Menschen Löwen Adler Rebhühner

Der Probenvorlauf zu einer Aufführung, auch Probenzeit genannt, ist das eigentliche Herzstück der Theaterarbeit. Im Musiktheater hat die musikalische Einstudierung einen größeren Stellenwert als die szenische Probenzeit, aber im Schauspiel ist allein die szenische Probe für den Rhythmus und die Ausstrahlung der Aufführung verantwortlich.

Die Probendauer kann sehr unterschiedlich sein – je nach Art der Arbeit (und manchmal der finanziellen Ausstattung des Theaters). Üblicherweise sind es sechs bis acht Wochen, bei Tournee- oder Sommertheaterproduktionen eher vier, bei großen Stücken an größeren Theatern durchaus auch zwölf Wochen oder mehr.

Probenzeiten und Probenorganisation hängen stark davon ab, wie Schauspieler in andere Vorstellungen involviert sind. Eine übliche Probenzeit von sechs oder sieben Wochen wird schnell sehr kurz, wenn viele der beteiligten Schauspieler abends Vorstellungen oder gar Vormittagsvorstellungen und Gastspiele haben. Über diese Termine sollte sich ein Regisseur frühzeitig informieren, um nicht am Schluss in zeitliche Bedrängnis zu kommen. Wenn man von vornherein nur eine kurze Probenphase zur Verfügung hat, ist es besonders wichtig, früh alle betreffenden Termine zu kennen. Es kommen später immer noch Einzelwünsche von Schauspielern (um zum Beispiel für einen Drehtag probenfrei zu haben), und es kann jederzeit kurzfristige Ausfälle wegen Krankheit geben.

Konzeptionsprobe

Üblicherweise beginnt eine Probenzeit mit einer Konzeptionsprobe, bei der Regisseur, Dramaturg, Bühnen- und Kostümbildner dem Ensemble und oft auch Vertretern der ganzen restlichen Abteilungen des Theaters (Inspizienz, Requisite, Maske, Werkstätten) ihre Vorstellungen von dem Abend erläutern. Wenn das Ensemble mit der Arbeit des Regisseurs nicht vertraut ist, wird hier eine erste Richtung angegeben.

Leseproben

Die nächste Phase sind die Leseproben, bei denen man sich am Tisch Satz für Satz über den Text verständigt. Das ist oft das Forum, in dem Bedenken der Schauspieler gegen einzelne Striche oder Übersetzungsvarianten diskutiert werden. All diese Gespräche dienen dazu, über den Sinn des Textes und über seine Interpretation eine erste Einigkeit herzustellen. Diese Leseproben können ausführlicher oder knapper sein – aber meistens sind es sehr hilfreiche Proben, die den Schauspieler in den Kosmos des jeweiligen Stückes hineinziehen und ihre Fantasie in Gang setzen.

Bei einigen Regisseuren finden Konzeptions- und eine einzige Leseprobe an einem Tag statt, bei anderen kann die Leseprobenphase über Tage und sogar Wochen gehen.

Szenische Proben

Für die szenischen Proben ist das Bühnenbild auf der Probenbühne so gut wie möglich markiert (eher selten ist das endgültige Bühnenbild schon zu Probenbeginn fertig).

Der Schritt auf die (Proben-)Bühne ist immer ein wichtiger Punkt. Der Beginn der szenischen Versuche. Für einen Schauspieler ist das oft vergleichbar mit dem Sprung ins kalte Wasser. Der erste Versuch, sich in einer neuen Rolle zu verhalten, ein neues Gesicht zu zeigen. Es ist ungeheuer wichtig, diesen Moment zu beschützen. Denn ein verunglückter Beginn ist oft in einer ganzen Produktionszeit nicht wieder einzuholen. Der Beginn setzt das Zeichen, ob die Fantasie und die Kreativität des Schauspielers in Gang kommen oder nicht.

Bühnenproben

Irgendwann im Verlauf der szenischen Proben starten die Bühnenproben. Wie oft man mit einem Stück auf die Bühne kann, hängt ganz von der Disposition des Theaters ab. Am Anfang einer Probenzeit kann ein guter Probenraum für die Arbeit viel besser sein als die eigentliche Bühne. Meistens findet die Arbeit dort ungestörter und dadurch beschützter statt. Aber ab einem gewissen Punkt ist es nötig, die szenischen Erfindungen auf der Bühne zu überprüfen.

Hier spielen Aufbauzeiten der Bühnenbilder eine Rolle. Wenn das Stück, das am Abend gespielt wird, ein aufwendiges Bühnenbild hat, muss früher mit dem Aufbau begonnen werden und die Bühnenzeit einer Vormittagsprobe ist kürzer.

Ab den Bühnenproben fängt der Inspizient an, den Ablauf der Proben zu betreuen. Er ist am Aufführungsabend für den Ablauf verantwortlich. Er hat hinter der Bühne ein sogenanntes Inspizientenpult (oft direkt hinter dem Portal) und ist dort während der Aufführung Anlaufstelle für alle eventuell auftretenden Probleme. Er kontrolliert vor Beginn, ob alle Schauspieler zum vereinbarten Zeitpunkt im Haus sind und ob alle Positionen (Bühne, Licht, Ton) rechtzeitig besetzt sind. Er gibt das Zeichen, wann die Zuschauer in den Saal eingelassen werden können und erhält Bescheid, wenn der Zuschauerraum besetzt ist. Dann gibt er das Zeichen für den Beginn der Vorstellung. Während der Aufführung gibt er alle nötigen Einsätze für Licht, Ton und gegebenenfalls auch den Schauspielern. An kleineren Theatern können die Berufe Regieassistent und Inspizient kombiniert sein.

Endproben

Spätestens in den Schluss- bzw. Endproben kommt eine Produktion auf die Bühne. Spätestens dann ist das Bühnenbild fertiggestellt und in einer technischen Einrichtung an den Raum angepasst. Jetzt starten Abläufe des Ganzen in dem Originalbühnenbild und ab der Beleuchtungsprobe auch im Originallicht.

Beleuchtungsprobe

Anhand des Bühnenkonzepts und des Modells haben Regisseur, Bühnenbildner und Beleuchtungsmeister (gegebenenfalls Light Designer) ein Beleuchtungskonzept erstellt, das bis zur technischen Einrichtung vorbereitet wurde und in den Beleuchtungsproben eingerichtet und ausprobiert wird.

Die Beleuchtung einer Inszenierung hat in den letzten Jahrzehnten immer mehr an Bedeutung gewonnen. Das hat viel mit den immer größeren technischen Möglichkeiten zu tun. Aber mit den Möglichkeiten sind auch die Erwartungshaltungen gestiegen. Der normale Theaterzuschauer wird selten die Qualität des Lichts beurteilen können. Natürlich kann auch ein Laie sehen, wenn eine Beleuchtung richtiggehend misslungen ist. Aber wenn nicht gerade spezielle Lichteffekte verwendet werden, nimmt der Zuschauer das Licht nur auf einer sehr subtilen Ebene auf. Untergründig kann die Beleuchtung eines Abends beim Zuschauer allerdings sehr viel bewirken. Für einen Regisseur ist es in jedem Fall gut, sich mit den Möglichkeiten der Beleuchtung auszukennen, auch wenn er später diesen Bereich dem Bühnenbildner oder gar einem eigenen Light Designer überlässt.

An einem Theater gibt es in der Beleuchtungsabteilung neben den

Beleuchtern immer auch einen oder mehrere Beleuchtungsmeister. Für die Einrichtung des Lichts an der Beleuchtungsprobe ist immer ein verantwortlicher Beleuchtungsmeister eingeteilt. Er ist Ansprechpartner für Regisseur und Bühnenbildner. Einfach ist es, wenn das Budget der Produktion einen Light Designer ermöglicht, ob einen internen oder jemanden von außerhalb. Dann liegt die Verantwortung für die Beleuchtung klar in dessen Händen. Oft gibt es aber diese Position nicht. Ein Beleuchtungsmeister kann durchaus ein guter Light Designer sein, aber es kann auch vorkommen, dass er ein genaues Lichtkonzept von dem Regisseur bzw. dem Bühnenbildner erwartet. Dann ist zunächst zu klären, ob sich der Regisseur für das Licht verantwortlich fühlt oder der Bühnenbildner. In jedem Fall wird es zeitnah vor der Beleuchtungsprobe ein Gespräch mit dem verantwortlichen Beleuchtungsmeister geben, in dem man Bühnenbild und Inszenierung erläutert, die Vorstellungen vom Licht bespricht und alle Besonderheiten klärt. Dann kann der Beleuchtungsmeister die Beleuchtungsprobe in allen Bereichen gut vorbereiten.

Hauptproben und Generalprobe

Wann die Kostüme zum ersten Mal auf die Probe kommen, hängt ganz von den Werkstattabläufen des Theaters ab. Es kann viele Proben geben mit Originalbühne, Licht, Kostüm und Maske, es kann aber auch sein, dass alles erst in den letzten Proben zusammenkommt. Üblicherweise sind das zwei Hauptproben und eine Generalprobe. Im Musiktheater gibt es noch den Begriff der Klavierhauptprobe. Das ist eine Schlussprobe, die noch ohne das Orchester stattfindet – eben nur mit Klavier. Im Musiktheater sind auch die Schlussproben über einen längeren Zeitraum verteilt als im Schauspiel, denn für einen Sänger ist es nicht möglich, eine große Gesangspartie an vielen aufeinanderfolgenden Tagen zu singen. Deshalb ist auch im Musiktheater meistens ein Tag zwischen Generalprobe und Premiere. Im Schauspiel dagegen kann es sogar vorkommen, dass die Generalprobe am Vormittag des Premierentages stattfindet.

Der Umgang mit dem Text

> *»Warum denn Angst, es ist doch immer nur eine neue Annäherung an den Text, mehr schafft man doch gar nicht!«*
> Einar Schleef

Bei der Auseinandersetzung mit einem Theatertext muss man sich zuallererst klarmachen, wovon der Text handelt. Das klingt einfach, aber ist oft schwieriger, als man zunächst meint. Denn es geht nicht allein um die Handlungen der Personen, sondern um das Thema des Textes. Natürlich gibt es Stücke, die tragen ihre Botschaft wie ein Banner vor sich her, aber schon ein Stück von Shakespeare verweigert sich jeder Eindeutigkeit. Um einem Text wirklich nahezukommen, muss man ihn wieder und wieder lesen. Damit beginnt die Beschäftigung mit einem Stück: es so oft zu lesen, bis man die Themen und Strukturen, die darin verborgen sind, im Wesentlichen erfasst hat. Natürlich ist auch das Lesen subjektiv. Jeder Leser reagiert mit seinem ganz eigenen Erfahrungsschatz auf den Text. Gerade deswegen muss man sich am Beginn einer intensiven Beschäftigung mit einem Text um einen möglichst objektiven Ansatz bemühen.

Je häufiger man einen Text liest, desto leichter kann man erkennen, welche Funktion bestimmte Szenen haben, wo die Höhepunkte und wo die Wendepunkte der Handlung sind. Die Klarheit darüber ist von zentraler Bedeutung für die spätere szenische Arbeit. Denn die dramatische Struktur eines Theaterabends setzt sich aus diesen Wendepunkten zusammen. Ein Wendepunkt gibt der Handlung einer Szene eine neue Richtung. Also ist es wichtig zu verstehen, welche Handlung eine Szene vorantreibt und wo sie eine Veränderung erfährt. Durch dieses genaue Lesen beginnt man, das szenische Potenzial eines Stückes zu erfassen. Man beginnt eine Vorstellung davon zu entwickeln, wie aus dem Text ein Vorgang auf der Bühne werden kann. Diese szenische Fantasie ist das Kernstück der eigentlichen Regiearbeit. Die Vorstellung, die man in diesem Moment entwickelt, wird sich im Laufe der Zusammenarbeit mit Bühnen- und Kostümbildnern und natürlich mit den Schauspielern immer weiter entwickeln und verändern. Der Grundstein der Arbeit jedoch wird in dieser Begegnung mit dem Text gelegt. Der Regisseur Peter Brook spricht im Zusammenhang mit dem ersten Lesen eines Stückes sogar von einem »heiligen Moment«.

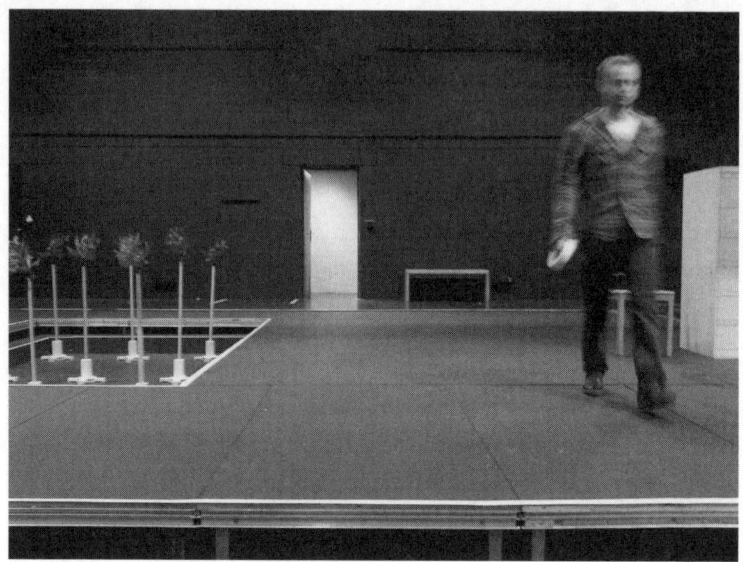

Falls es sich um einen aus einer anderen Sprache übersetzten Text handelt, sollte man sich möglichst auch mit dem Original befassen. Jede Übersetzung ist bereits eine Interpretation und oft ist es für das tiefere Verständnis sehr wichtig, Original und Übertragung zu vergleichen. Falls es mehrere Übersetzungen gibt, ist auch ein Vergleich der verschiedenen Übersetzungen ratsam.

Ein gutes Beispiel sind die Stücke von William Shakespeare. Lange Zeit war das Shakespeare-Bild in Deutschland geprägt durch die poetisch-romantischen Übersetzungen von August Wilhelm Schlegel, Ludwig Tieck, Dorothea Tieck und Wolf Graf von Baudissin, deren Übersetzungen unter dem Kurznamen Schlegel-Tieck bekannt sind. Beim Blick in die Originalstücke stellt man fest, dass Shakespeares Stil viel direkter und knapper ist als in den romantischen Übertragungen des frühen 19. Jahrhunderts. Heute werden oft andere Übersetzungen gewählt, die den originalen Stil besser treffen. Aber auch die klassischen Übersetzungen sind aufgrund ihrer großen poetischen Schönheit immer noch beliebt. Schon die Wahl der Übersetzung kann – wie im Fall Shakespeare – eine wesentliche stilistische Entscheidung sein.

Um die Funktion mancher Figuren oder Auftritte zu begreifen, können bei manchen Stücken einfache Tricks helfen. Man kann sie zum Beispiel bei jedem Lesen aus der Perspektive einer anderen Figur lesen.

Oder überlegen, wie der Text aussähe, wenn die eine oder andere Figur an der einen oder anderen Stelle nicht auftreten würde.

Manche Dramatiker geben ausführliche Regieanweisungen. Das kann für den ersten Zugang helfen, aber beim nächsten Lesen kann es auch sehr interessant sein, die Anweisungen einmal komplett außer Acht zu lassen.

Heutzutage ist es kein Tabu mehr, Stücke als Material zu benutzen und mit Fremdtexten zu arbeiten. Aber auch diese Arbeit kann erst dann sinnvoll stattfinden, wenn man das Material wirklich erfasst hat.

Der persönliche Blick ist auch bei genauer Beschäftigung mit einem Text immer eine Interpretation, wie vielleicht eine kleine Geschichte von Peter Handke illustriert. Er interessierte sich für den Text La maladie de la Mort (Die Krankheit Tod) seiner Kollegin Marguerite Duras so sehr, dass er ihn nicht nur übersetzte, sondern auch selbst eine Verfilmung des Bühnenstückes mit seiner damaligen Lebensgefährtin in der Hauptrolle inszenierte. Später erst erfuhr er, wie Marguerite Duras selbst ihren Text verstand, nämlich als eine Brandrede gegen einen homosexuellen Mann. Handke hatte in dem Text eine grundsätzliche Beschreibung der Unmöglichkeit, einen Menschen ganz zu besitzen, gesehen. In einem Interview sagte er später, dass er sich mit dem Text nicht beschäftigt hätte, wenn ihm die eigentliche Intention des Textes bekannt gewesen wäre.

Konzeption

Erst wenn man sich ein Stück gedanklich erarbeitet hat, kann man mit einer Konzeption beginnen. Konzeption bedeutet, dass man sich darüber klar wird, wie man ein Stück realisieren möchte, welche Haltung man dem Text gegenüber einnimmt und welche Linie man bei den szenischen Lösungen verfolgen möchte. Einiges an konzeptioneller Arbeit kann im Team geleistet werden: mit dem Dramaturgen und mit Bühnen- und Kostümbildnern. Aber auch dann sollte man sich die Konzeption komplett zu eigen machen. Denn als Regisseur muss man sie die ganze Probenarbeit hindurch verfolgen und vertreten.

Zunächst gilt es festzustellen, aus welchen Gründen ein Stoff gerade hier und jetzt erzählt werden sollte. Man kann damit beginnen, was einen persönlich an dem Stück interessiert. Manchmal ist es ein Thema, manchmal eine bestimmte Figur, manchmal der Tonfall und manchmal auch nur eine prägnante Szene, die etwas in einem auslöst. Wenn es einem gelingt, diesen Punkt klar zu definieren, ist es wesentlich leichter zu entscheiden, ob er auch relevant für andere ist und ob er ausreicht, eine Theateraufführung zu tragen.

Ob einen ein Stück anspricht, kann viele Ursachen haben. Natürlich gibt es ganz persönliche Gründe, warum das eine Stück zu einem spricht, ein anderes nicht. Die persönlichen Motive können die Leidenschaft, mit der man arbeitet, befeuern. Wichtiger jedoch werden für die Inszenierung die Gründe, die über den persönlichen Anlass hinausgehen. Bei manchen Stücken ist ein gerade aktuelles Thema sofort zu erkennen. Aber Aktualität kann sich auch auf einer viel subtileren Ebene verbergen. Dann ist es Aufgabe des Regisseurs – und zwar eine der interessantesten –, diese Ebene zunächst für die Schauspieler und später für die Zuschauer sichtbar zu machen.

Sind es nur Teilaspekte eines Stückes, die man erzählen möchte, stellt sich die Frage, ob sie einen ganzen Theaterabend tragen können. Vor einigen Jahren hat sich Frank Castorf einen der großen modernen Klassiker vorgenommen: Endstation Sehnsucht von Tennessee Williams. Seine Aufführung interessierte sich nicht in erster Linie für die Zentralfigur des Stückes, Blanche DuBois. Castorf stellte die Geschichte ihres Schwagers Stanley Kowalski und dessen Beziehung zu seiner Frau Stella ins Zentrum. Die Arbeit war ein großer Erfolg, aber es war auch richtig, den Titel in Endstation Amerika zu ändern, denn man konnte nicht mehr von einer Inszenierung des Stückes Endstation Sehnsucht sprechen. Nichtsdestotrotz ist diese Arbeit ein seltenes Beispiel dafür, dass es gelingen kann, ein Nebenthema eines Stückes ins Zentrum der Interpretation zu rücken.

In einem anderen Fall hat der dramaturgische Zugriff von Frank Castorf das wirkliche Zentrum eines Stückes erst wieder auf aktuelle Weise zum Vorschein gebracht. Das Stück Trauer muss Elektra tragen war in den achtziger und neunziger Jahren nahezu von den Spielplänen der deutschen Theater verschwunden. Eugene O'Neills Meisterschaft war unbestritten, aber keiner mochte sich so recht an diese üppige amerikanische Version der Orestie heranwagen. Zu sehr tragen die Figuren dort ihr Herz und Anliegen auf der Zunge. Was zum Zeitpunkt der Entstehung (1929) noch direkt und gewagt erschienen war und dem Autor einen Welterfolg und schließlich sogar den Nobelpreis einbrachte, klingt heute an vielen Stellen banal und eindimensional. Das gilt insbesondere dann, wenn man das Stück um die atmosphärischen Südstaatendetails kürzt – was angesichts von ungestrichenen fünf Stunden Spieldauer fast unumgänglich ist.

Frank Castorf konnte am Schauspielhaus Zürich TRAUER MUSS ELEKTRA TRAGEN einen interessanten interpretatorischen Ansatz abgewinnen. Er siedelte das Stück, das vom aufstrebenden Bürgertum des 19. Jahrhunderts handelte, im amerikanischen White-Trash-Prekariat an. Plötzlich klangen die Sätze wie eine Parodie auf großbürgerliche Familienstrukturen. Man sollte meinen, dass dem Text durch einen solchen Kunstgriff Gewalt angetan wird, aber interessanterweise wurde durch den neuen Blickwinkel O'Neills Thema umso deutlicher: seine schonungslose Attacke auf die selbstzerstörerische Gier der amerikanischen Gesellschaft. Castorf hatte dem Stück eine präzise und aktuelle Umgebung gegeben, die historische Distanz dadurch minimiert und den Kern völlig intakt gelassen.

In den Jahren danach tauchte das Stück plötzlich wieder in vielen Spielplänen auf. Es gab Neuinszenierungen in Wien, Hannover, Bonn, Berlin, München, Hamburg. Kaum einer dieser Aufführungen gelang nochmals eine entsprechend moderne Interpretation.

Dramaturgie

Während der ganzen Arbeit mit dem Text ist es sehr hilfreich, wenn man von einem guten Dramaturgen begleitet wird. Im Idealfall kann er ein wesentlicher Impulsgeber und inspirierender Gesprächspartner sein, der die Annäherung an den Text und den Weg zu einer Konzeption enorm erleichtern kann. Auch die Stückfassung, in der sich wesentliche konzeptionelle Ideen meist schon manifestieren, entsteht oft gemeinsam mit dem Dramaturgen.

Die Dramaturgie hat in einem Theater zwei wesentliche Aufgabenbereiche. Der eine Bereich befasst sich mit der Planung des Spielplans. Hier entscheiden die Dramaturgen gemeinsam mit den Intendanten oder Schauspieldirektoren über den Gesamtverlauf des Theaterjahres, u. a. welche Stücke gespielt und welche Regisseure mit der Inszenierung betraut werden. Der zweite Bereich ist die konkrete Zusammenarbeit mit dem Regisseur. Dieser Bereich wird auch Produktionsdramaturgie genannt. Diese Zusammenarbeit kann sehr intensiv sein und umfasst inhaltliche Diskussionen, Stückfassungen und auch die Betreuung der Proben. Auch für das Programmheft ist die Dramaturgie verantwortlich. (Weitere mögliche Aufgaben der Dramaturgie, von der Zusammenarbeit mit dem Regisseur unabhängiger, umfassen Bereiche der Öffentlichkeitsarbeit – z. B. Einführungen und Publikumsgespräche.)

Eine Stückfassung ist dann nötig, wenn der Theatertext bestimmten Gegebenheiten angepasst werden muss. Wenn zum Beispiel bei einem Klassiker die Rollenanzahl dem Ensemble entsprechend reduziert werden muss. Dann überlegt man, ob manche Rollen verzichtbar sind oder mit anderen zusammengelegt werden können. In vielen Fällen ist auch eine bestimmte Länge des Theaterabends einzuhalten. Ein klassisches Stück dauert ungestrichen oft fünf bis sechs Stunden, was nur wenige Theater ihren Zuschauern zutrauen. Auch der Spielort kann eine Einrichtung des Textes nötig machen. Das alles sind pragmatische Gründe, mit denen man oft konfrontiert ist.

Selbstverständlich gibt es auch rein konzeptionelle Gründe für eine Textfassung. Ob aber aus pragmatischen Gründen oder nicht – immer sollten die Striche mit einer inhaltlichen Schärfung des Konzeptes einhergehen. Natürlich greifen auf dem Weg zu einer fertigen Konzeption viele Entscheidungen ineinander. So kann zum Beispiel eine Bühnenbildentscheidung ein wichtiger Auslöser für die Textfassung sein und umgekehrt.

In manchen Fällen erstellt der Dramaturg die Textfassung, manchmal ist der Regisseur allein dafür verantwortlich. Im besten Fall ist es eine kreative Zusammenarbeit.

Aus der bildenden Kunst kommt der Begriff Kurator, der in manchen Bereichen den klassischen Dramaturgen ersetzt hat. Dieser Begriffswechsel gibt einen Hinweis auf das veränderte Berufsbild. Zunächst wurde dieser Begriff im Zusammenhang mit Theater angewandt, um eine Öffnung zu neuen, experimentelleren Formen anzuzeigen. Da viele dieser Formen der bildenden Kunst entlehnt waren, war es logisch, auch einen Begriff aus der Bildenden Kunst zu holen. Der Kurator ist im Gegensatz zum Produktionsdramaturgen nicht vorrangig mit dem Text befasst, sondern mit dem Zusammenhang des ganzen Projekts. Es geht dabei um die Einbindung in aktuelle Debatten, ob in politische, philosophische, künstlerische oder soziologische. Üblicherweise wird der Dramaturg eher im etablierten Theaterbetrieb angesiedelt und der Kurator in der Festival- und freien Szene. In der Zusammenarbeit mit dem Regisseur können beide allerdings eine ähnliche Funktion ausüben.

Regie aus Sicht eines Autors: Gespräch mit Tankred Dorst

Tankred Dorst, geboren 1925 bei Sonneberg in Thüringen, studierte an der Universität Bamberg Germanistik und Kunstgeschichte, später dann in München noch Theaterwissenschaft. Seit 1960 ist er als Autor auf den Bühnen präsent. Neben einer langjährigen Arbeitsbeziehung, die ihn mit Peter Zadek verbunden hat, haben einige andere der prägendsten Regisseure der letzten Jahrzehnte sich mit seinen Stücken beschäftigt: u.a. Peter Palitzsch, Wilfried Minks, Dieter Dorn, Patrice Chereau, Hans Hollmann, Jossi Wieler, Hans Neuenfels, Jürgen Flimm und Alexander Brill. Unter den am häufigsten gespielten Stücken finden sich MERLIN, EISZEIT, TOLLER, HERR PAUL und ICH, FEUERBACH. Seine Ehefrau Ursula Ehler begleitet ihn seit Anfang der siebziger Jahre als Assistentin und Koautorin. Auch im Ausland wird Tankred Dorst viel gespielt. Er erhielt zahlreiche Literaturpreise, unter anderem 1990 den Büchner-Preis und den Schiller-Preis 2011. 1992 war er Mitbegründer der Bonner Biennale. Seitdem ist er auch Teil der künstlerischen Leitung dieses Theaterfestivals, das seit 2004 unter dem Namen »Neue Stücke aus Europa« vorwiegend am Staatstheater Wiesbaden stattfindet. Als Regisseur inszenierte Tankred Dorst einige seiner eigenen Stücke, mehrere Filme sowie 2006 in Bayreuth den RING DES NIBELUNGEN.

Boris von Poser: Heute wird oft der Begriff Regietheater verwendet, der meistens auf eine Neuorientierung des deutschsprachigen Theaters in den sechziger und siebziger Jahren des letzten Jahrhunderts zurückgeführt wird – als Sie gemeinsam mit den wichtigsten Regisseuren dieser Zeit am Theater begonnen haben. Haben Sie diese Aufwertung von Regie damals auch so empfunden?

Tankred Dorst: Ja, zu meinen Studienzeiten war der Regisseur einer Theateraufführung in der öffentlichen Wahrnehmung nicht so wichtig. Natürlich gab es die großen Namen Gründgens, Kortner, Noelte … Aber es ging um das Stück, nicht so sehr um den Regiestil. Das Stück war nicht bloß Material, den Begriff Regietheater gab es nicht. Der kam erst später auf. Ich denke dabei natürlich an Peter Zadek. Alles was heute so modern und neu erscheint, das hat der Zadek damals schon gemacht. Allerdings vielleicht mit einem anderen Kopf als manche heute.

Dabei definierte sich Peter Zadek selbst als realistischer Regisseur. Die Inszenierungen, die er damals um sich herum sah, fand er kunstgewerblich, artifiziell. Das hat ihn dazu ermuntert, selbst direkter, aggressiver, radikaler zu sein. Mich hat das beeindruckt. Natürlich haben wir uns auch gestritten. Zwischen Regisseur und Autor ist immer ein Konfliktpotenzial.

Boris von Poser: Hat man da als Autor den Respekt vor dem Geschriebenen vermisst oder war das gar nicht der Punkt?

Tankred Dorst: Vielleicht war das der Punkt, aber mir ist das so nicht aufgefallen. Man hat vor allem den Autor inszenieren wollen – im Gegensatz zu heute manchmal. Und von einem starren Respekt, wie er gegenüber Bertolt Brecht eingefordert wurde, hielt ich ohnehin nichts. Es gab mehrere Brecht-Witwen, die herumreisten und prüften, ob die Inszenierungen auch der Theorie entsprachen. Brecht war natürlich ein großer Autor und er wurde auch viel nachgeahmt. Besonders in den späten fünfziger Jahren, nach seinem Tod, gab es eine große Brecht-Welle und alles andere, Stücke und Inszenierungen, wurde an diesem Vorbild gemessen.

Boris von Poser: Ihr Stück Grosse Schmährede an der Stadtmauer erinnert auch an Brecht …

Tankred Dorst: Ja, das hatte eine ähnliche Quelle – den Stoff und vor allem den Titel hatte ich aus einem Buch über chinesisches Schattenspiel. Neben sehr schönen Bildern waren auch Stücke darin abgedruckt. Da gab es zwei Stücke, das eine hieß Die grosse Schmährede an der Stadtmauer, das andere hieß Die kleine Schmährede an der Stadtmauer. Ich habe die Stücke gelesen, aber konnte nichts damit anfangen. Nur der Titel hat mich beschäftigt. Das Stück von mir hat mit den chinesischen außer dem Titel nichts mehr zu tun, aber es benutzte eben die poetischen Möglichkeiten, die sich durch die chinesische Kulturwelt anboten.

Grosse Schmährede an der Stadtmauer war das erste Stück von mir, das Peter Zadek inszeniert hat, in Berlin in der Werkstatt des Schillertheaters. Damals wurde ich eingeladen, nach Berlin zu fliegen, um an der Generalprobe teilzunehmen. Da hat Zadek mich beiseite genommen und gesagt: »Wundere dich nicht, ich habe aus der Schmährede am Schluss einfach jeden zweiten Satz gestrichen.« Das Stück endet mit dieser großen Wutrede. Sein Argument war, die Rede sei zu logisch. Wenn jemand in Wut rede, würde er mehr durcheinander reden, nicht so logisch. Und da hat er recht gehabt.

Boris von Poser: Haben Sie das daraufhin in der gedruckten Fassung verändert?

Tankred Dorst: Ja, das habe ich verändert. Es gibt viele Beispiele dieser Art, wo ich von Zadek überrascht wurde und mich damit auseinandersetzen musste. Letztlich gehört das Stück dem Regisseur, solange er damit arbeitet. Es sollten nicht zu viele Menschen während der Proben die Arbeit beurteilen. Als ich später selbst Regie geführt habe, wurde mir das auch selbst bewusst. Der Schauspieler sollte sich auf eine für ihn glaubwürdige Person beziehen können, das muss der Regisseur sein. Wenn da ein Autor sitzt und immer sagt, ich sehe das aber ganz anders, ist das nicht gut; es ist schwierig für die Schauspieler. Es hilft meistens nicht. Man kann alles vorher besprechen, aber in der Probe muss die Auseinandersetzung zwischen Regisseur und Schauspieler stattfinden.

Boris von Poser: Sie haben sich als Autor dem *well-made play* mehr und mehr verweigert – durch Prosateile und lose Enden in der Erzählung haben Sie versucht, die Schreibkonventionen zu durchbrechen – war das auch eine Reaktion auf die Erfahrung der praktischen Theaterarbeit?

Tankred Dorst: Eigentlich nicht. Es kommt daher, dass ich unsere Welt als Fragment gesehen habe. Unsere Wahrnehmung der Realität ist fragmentarisch. Als ich angefangen habe, gab es so eine medien-ideologische Sicht auf Theater – man fragte immer, ob ein Text ein Hörspiel, ein Theaterstück oder eine Erzählung ist. Die Gattungen waren streng getrennt. Wenn man über ein Stück gesagt hat, dass es ein Hörspiel ist, war das ein Schimpfwort. Das hieß, das Stück hat kein Leben, keine interessante Äußerung szenischer Art. Das sollte im Theater nicht sein. Das hat sich danach im Laufe der Jahre mehr und mehr geändert. Ich war immer davon überzeugt, dass die Art, wie Szenen geschrieben sind, sich aus dem Stoff selbst ergeben soll. Jede Geschichte sucht sich ihre spezielle Form. Man weiß erst am Ende, wie das Ganze aussehen soll.

Boris von Poser: Die offenere Form Ihres Schreibens hat den Regisseuren natürlich auch mehr inszenatorische Freiheiten geboten …

Tankred Dorst: Das war schon eine Absicht, natürlich. Aber auch das Vergnügen an der Sache selbst. Als ich angefangen habe, gab es keine deutschen Autoren. Es gab Max Frisch und Friedrich Dürrenmatt, aber das waren Schweizer. Das hing natürlich mit den Zeitläufen zusammen. Man spielte gerne englische oder französische Stücke. Die theatralischen Vorbilder in den fünfziger Jahren waren Jean Anouilh, Sartre und Jean Giraudoux. Man kam gar nicht auf die Idee, dass es moderne deutsche Autoren geben könnte. Ich bin dann auch durch einen Zufall – durch ein Preisausschreiben – zum Theater gekommen. Vom Nationaltheater Mannheim wurde tatsächlich ein deutsches Stück gesucht. Sie suchten aber kein bereits fertiges Stück, sondern wünschten etwas Aktuelles. Sie hatten in einer kleinen Broschüre fünf Themen in einer Art Exposé ausgeführt. Die gewünschten Themen waren Rassismus, Flüchtlinge, Atombombe und so weiter – das waren die Themen dieser Zeit, die auch täglich in den Zeitungen abgehandelt wurden. Ich bekam diese kleine Broschüre zufällig in die Hand und ein Thema war dabei, das hieß: »Die Schizophrenie unserer Zeit«. Was auch immer man darunter versteht, irgendwie passt es immer. Ich sagte mir, das kann man machen. Und so habe ich zu diesem Thema etwas geschrieben und auch den Preis bekommen damals. Und das Stück wurde in Mannheim uraufgeführt. Das war meine erste Verbindung zur Theaterwelt, die mir so wünschenswert und großartig erschien und von der ich mir nicht vorstellen konnte, da überhaupt tätig zu sein.

Boris von Poser: Wie weit bzw. auf welche Weise haben Sie sich als Autor denn später an dem Probenprozess beteiligt?

Tankred Dorst: Das hängt immer vom Regisseur ab. Es gab einige Regisseure, die wollten, dass ich bei den Proben bin – Zadek zum Beispiel wollte das immer, auch Peter Palitzsch wollte das. Der kam aus dem DDR-Theater, dem brechtschen Theater. Der wollte immer, dass alle dabei sind, in den Arbeitsprozess einbezogen sind – da waren auch sechs oder sieben Assistenten, die was lernen wollten. Ich gehe auch heute noch gern auf Proben. Eigentlich lieber als zu Aufführungen …

Boris von Poser: Hat der Kontakt mit der Probenarbeit Ihre Arbeit verändert?

Tankred Dorst: Man lernt natürlich eine ganze Menge. Zum Beispiel war für mich persönlich in der Arbeit mit Zadek gut, dass er mich gezwungen hat, meine Meinung zu behaupten. Ich musste mich äußern.

Ich neige eher dazu, mich hinter die Arbeit zurückzuziehen. Bei Zadek war ich gefordert. Und das war sehr nützlich. Für die Arbeit, aber auch für das eigene Leben. Wir waren gute Freunde, er hat 1960 mein erstes Stück inszeniert und später sieben oder acht andere. Es war eine sehr lebendige Zusammenarbeit, das heißt, dass wir uns gelegentlich auch heftig gestritten haben. Ich vermisse ihn in jeder Beziehung sehr. Ich erinnere mich an ein letztes Telefongespräch, ich stand im Menschengewimmel am Straßburger Bahnhof, und er rief mit seiner lauten Stimme: »Ich will dein neues Stück Ich soll den eingebildet Kranken spielen inszenieren.« Die Besetzung hatte er schon. Dazu kam es nicht mehr, er ist gestorben.

Boris von Poser: Peter Zadek ist auch an der Entstehung von dem Stück beteiligt gewesen, mit dem Sie fast am stärksten identifiziert werden: Merlin. Aber die geplante Inszenierung von Zadek ist damals geplatzt. Wie kam es überhaupt zu dem Projekt?

Tankred Dorst: Es gab diese Fischhalle in Hamburg, eine neugotische Eisenkonstruktion, dicht am Wasser. Man konnte sich da mehrere Bühnen vorstellen und darin ein bewegliches großes Stück. Ich wurde nach Hamburg bestellt und Zadek, Urs Jenny, der Dramaturg, und ich haben diese Halle angesehen und haben alle gedacht, nur einmal im Leben hat man die Gelegenheit, in so einer tollen Halle ein großes Stück zu machen, aber welches? Klein-Klein-Psychologie geht da nicht. Man musste einen Stoff für diesen Ort erfinden, wenn man nicht einen Klassiker machen wollte. Hinter der Halle ist gleich das Wasser, da standen wir und Zadek sagte: »Wir spielen die ganze Nacht und morgens ist Schluss und dann taumeln die Zuschauer im Morgengrauen heraus und aus dem schmutzigen Hafenwasser kommt dann das Schwert heraus. Es bleibt einfach stehen.«

Er schlug mir vor, diese alten Geschichten von Thomas Malory aus dem 15. Jahrhundert zu lesen. Das sind schöne Geschichten, weniger um Merlin als um König Artus. Da ziehen die Ritter ununterbrochen auf Turniere und so ... Aus der flüchtigen Lektüre hat sich mir der Reiz zunächst nicht erschlossen. Aber immer wenn ich denke, etwas ist schwierig und ich nicht weiß, wie ich das machen soll, dann fange ich damit an ... Wenn ich schon weiß, wie etwas geht, bin ich schon nicht mehr interessiert. So bin ich hineingeraten in das Stück. Und dann kam die Aufführung nicht zustande, weil wir die Halle nicht kriegten.

Da hatten wir erst eine Halle und kein Stück und dann ein Stück und keine Halle. Und Zadek wollte es in einem konventionellen Theaterraum nicht inszenieren. Er hat später immer wieder nach einem geeigneten Ort gesucht, um MERLIN zu machen. Es ist aber nie zustande gekommen.

Boris von Poser: Ist da bei Ihnen ein großes Bedauern, dass es zu der Inszenierung von Peter Zadek nicht kam?

Tankred Dorst: Ich denke, die Aufführung wäre sehr gut geworden, bestimmt sehr speziell, aber vielleicht hätte niemand das Stück nachgespielt. Es gab inzwischen fast 150 Inszenierungen weltweit. Hat der Verlag gezählt. Und neue sind geplant.

Boris von Poser: Und Sie meinen, das wäre nicht so, wenn die Inszenierung von Zadek stattgefunden hätte?

Tankred Dorst: Er hatte sich wohl eine Art Collage vorgestellt: Liedertexte könnte ein Lyriker schreiben, Kriegsszenen könnten wir aus Shakespeares HENRY VI nehmen und so weiter. Das wollte ich nicht. Als ich mich schließlich entschlossen hatte, diesen gewaltigen Stoff zu gestalten, ist er mehr und mehr zu meiner eigenen Sache geworden. Zwei Jahre habe ich mit Ursula daran gearbeitet. Ich habe ihm gesagt: »Du kriegst das Stück wieder zu sehen, wenn es fertig ist.« Als ich das Stück abgeliefert hatte, bekamen wir die Halle nicht. Die zweite Inszenierung war in Düsseldorf geplant, das wurde dann die Uraufführung.

Boris von Poser: Der Merlin-Stoff hat auch zu Ihrer völlig anderen Zusammenarbeit mit Robert Wilson geführt.

Tankred Dorst: Robert Wilson wollte am Thalia Theater in Hamburg die Parzival-Geschichte machen, die in meinem Stück MERLIN vorkommt. Es sollte aber ein eigenes Stück sein. Die Figur des Parzival hat mich während der Arbeit an MERLIN besonders beschäftigt. Als das Stück noch gar nicht geschrieben war, aber schon ein Exposé vorlag, kamen die Beteiligten des Projektes zusammen und jeder sollte sagen, welche Figur ihm am liebsten oder vielleicht am vertrautesten wäre. Der Dramaturg Urs Jenny sagte: »Eine Figur, die man heute gar nicht schreiben kann, die so belastet mit mythischem und metaphysischem Unfug ist, ist Parzival.« Und da habe ich für mich gedacht, diese Figur interessiert mich persönlich am meisten. Ich war neugierig auf die Arbeit mit Robert Wilson. Beim ersten Treffen hat er auf ein Kuvert briefmarkengroße Bildchen gezeichnet. Ich habe das Kuvert noch zu Hause. Auf dem einen Bild waren Haken, auf dem anderen Striche. Es waren sechs oder acht Bildchen auf diesem Umschlag. Und dann hat er erklärt: »Diese Szene, das ist Parzival mit seiner Mutter im Wald.« Da sah man aber nur einen schwarzen Punkt, der dann im nächsten Bild größer wurde. »Ja, das ist die Mutter von Parzival und die schleppt auf ihrem Rücken einen großen Klumpen Lehm. Und den stellt sie dann ab auf der Seite.« – Das war dieser schwarze Punkt. Und wenn der junge Wilde, Parzival, an den Hof kommt – das waren so Häkchen, da sagte er: »Ja, das sind Stühle.« Und dann meinte Wilson, die Rolle des Parzival könne eigentlich nur einer spielen, das sei Christopher Knowles, ein autistischer Junge, mit dem er schon früher gearbeitet hatte. Er wurde aus New York geholt. Bei der ersten Leseprobe saßen wir um den Tisch. Wilson erklärte, was er vorhatte, sprach über die Geschichte und was ihn daran interessierte und Christopher Knowles saß neben mir und wirkte völlig teilnahmslos, wie gar nicht vorhanden, dachte ich. Dann fragte Wilson: »Chris, are you alright? Hello, Chris, do you understand?« Und der Junge sagte ohne aufzublicken: »Yes, I am fine …« Wie sollte das gehen? Aber als wir die letzte Aufführung gesehen haben, und das waren viele, um die fünfzig, da war Christopher Knowles der Einzige, der mit schlafwandlerischer Sicherheit auf den Millimeter präzise war. Die Inszenierungen von Wilson hängen ja in besonderem Maß von der Exaktheit ab: Wenn da etwas verwackelt, zerfällt das Ganze.

Boris von Poser: Auch bei dieser Arbeit waren Sie in den Proben mit dabei. Es war eine Arbeit, die von Bildern, nicht von Worten geprägt war. Was war Ihre spezielle Aufgabe als Autor bei dieser Probenarbeit?

Tankred Dorst: Die Aufgabe war eigentlich mehr meine Anwesenheit und gelegentliche Anregungen. Der Klumpen Lehm zum Beispiel, der formte sich mit jedem Bild, er wurde immer wieder verändert und das war entstanden, weil ich ein Buch über mexikanische Götter mitgebracht hatte. Der Klumpen wurde so eine Art Muttergöttin. Bei den Proben saßen wir nebeneinander und aus dem Gespräch entstanden bestimmte Aktionen. Zum Beispiel meine Uhr hier mit dem Metallarmband: In der Szene, wenn Parzival als Triumphator in die Gesellschaft zurückkommt, steigt er über die an den Tischen sitzenden Personen hinweg, steht auf dem Tisch, alle schauen zu ihm auf und jubeln ihm zu; er sieht diese Arme, die sich ihm entgegenstrecken, und zieht vom nächsten Arm, der sich ihm entgegenstreckt, die Uhr ab. Wilson sagte zu mir: »Gib mir deine Uhr!« Das war diese hier, die ich immer noch trage. So entstand letztlich der Einfall – alle geben dem siegreichen Parzival ihre Armbanduhren, er zieht sie an und hat plötzlich einen eisernen Arm, eine Rüstung.

Boris von Poser: Während Elfriede Jelinek gerne betont, dass sie ihre Stücke als Material den Regisseuren zur freien Verfügung stellt, kenne ich einen Autor, der am liebsten jedes Stück bei der Uraufführung selbst inszenieren möchte (um es danach durchaus für andere Fantasien freizugeben). Wie geht es Ihnen da?

Tankred Dorst: Diesen Autor kann ich gut verstehen. Aber als ich den RING in Bayreuth inszeniert habe – vorher hatte ich immer nur eigene Stücke inszeniert – war ich zum ersten Mal sozusagen auf der anderen Seite. Da wurde mir klar, warum ein Regisseur sagt, diese Szene stelle ich lieber um oder lasse sie weg. So etwas kann man bei einer Oper natürlich überhaupt nicht machen. Aber ich habe dadurch verstanden, dass der Regisseur eine eigene Sichtweise und eine eigene Fantasie hat, die er auch einbringen muss. Da ist es mit Autor und Regisseur wie in einer Ehe. Jeder muss sich seinen Raum nehmen können und wenn man dafür kein Verständnis hat, wird es nichts.

Boris von Poser: Entstanden Ihre Inszenierungen eigener Stücke aus einer Sehnsucht heraus, das Stück so zu realisieren, wie Sie es beim Schreiben visioniert hatten?

Tankred Dorst: Gewissermaßen. Zum Beispiel bei ICH, FEUERBACH – das Stück von mir, das ich am häufigsten inszeniert habe – fand ich es schade, dass es in manchen Theatern auf der kleinen Bühne gemacht wurde. Dabei gehört die große leere Bühne unbedingt dazu. Das dunkle Loch, in dem der kleine Mensch Feuerbach erscheint. Das Thema des Stückes löst sich nicht ein, wenn man nur eine kleine Bühne hat. Denn es ist der Kampf um Anwesenheit, um den es geht. Der Kampf um Anwesenheit in einem großen dunklen Loch. Das wollte ich zeigen.

Zu meinen ersten Versuchen mit Regieverantwortung kam ich bei der Uraufführung von EISZEIT. Zadek, der das inszenierte, musste gleichzeitig die Fernsehaufzeichnung von KLEINER MANN WAS NUN in Köln im Sender betreuen. Es wurde für das Fernsehen eine eigene Fassung gemacht und deshalb brauchten sie ihn. Und so überließ er mir in dieser Zeit die Proben zu EISZEIT. Und ich musste mit dem wunderbaren, aber schwierigen O. E. Hasse zurechtkommen. Das war eine erste Übung: im Selber-Machen, und auch im Selber-schuld-Sein.

Boris von Poser: Viele deutschsprachige Autoren haben sich im Theater durchgesetzt, weil sie einen wichtigen Regisseur als Partner hatten: Thomas Bernhard / Claus Peymann, Dea Loher / Andreas Kriegenburg, Roland Schimmelpfennig / Jürgen Gosch.

Tankred Dorst: Ja, es ist auf jeden Fall wichtig, einen guten Regisseur auf seiner Seite zu haben. Man muss ein Gespür füreinander haben. Das ist der Idealfall. Man muss miteinander reden, auch streiten können.

Boris von Poser: Ist das Theater in Deutschland trotz des Labels Regietheater auch ein Theater, das den Autoren sehr viel Freiheit gibt?

Tankred Dorst: Ja, das finde ich. Vor allem, weil es früher diese engen Grenzen hatte, Schauspiel musste eine Exposition haben und im vierten Akt musste was schief gehen und im fünften dann doch gelingen. Das ist nicht mehr so.

Mir fällt aber auch auf, dass es heute viele Stücke gibt, die man früher »Projekte« genannt hätte und nicht ein Theaterstück im eigentlichen Sinne. Bei diesen Projekten ist der Autor nicht mehr derjenige, von dem der kreative Impuls ausgeht, sondern der Regisseur.

Ich denke, das ist in etwa so wie beim Film. Da sagte man auch, Fellini macht einen Film, da brauchen wir dann einen, der macht das Licht, einen, der macht die Kostüme und eben noch einen, der das Drehbuch schreibt. Den holte man sich dann auch.

Man geht nicht von dem Schriftsteller aus, sondern von dem Regisseur. Er ist der Impulsgeber, der sagt, die Figuren sind so oder so. Und die Welt, die wir zeigen, ist dann eben die Welt von Fellini. Im Theater hat das auch zugenommen. Neulich fiel mir die Ankündigung eines Stückes auf: ANNA KARENINA von irgendwem, nach einem Roman von Leo Tolstoi. Das kann man doch eigentlich nicht sagen. Tolstoi bleibt doch der Autor. Der Stoff von ANNA KARENINA ist mit Tolstoi verbunden. Andererseits kann man auch die Freiheit begrüßen, dass ein Roman oder ein Stück nicht mit falschem Respekt behandelt wird, sondern eben auch Material ist.

Boris von Poser: Was würden Sie als Autor einem jungen Regisseur raten für den Umgang mit einem Text?

Tankred Dorst: Dass er den Text genau lesen soll. Der Regisseur ist der erste und im Idealfall auch der genaueste Leser. Wenn man ein gutes Stück hat, kann man davon ausgehen, dass auch etwas zu entdecken ist. Der Regisseur schreibt mit seiner Inszenierung das Stück zu Ende. So lässt sich das vereinfachend sagen.

Das Gespräch fand im März 2011 in Berlin statt.

Exkurs: Interpretation und Ästhetik

Wenn Tankred Dorst meint, dass es früher mehr um das Stück ging, werden viele junge Theaterbesucher gar nicht richtig wissen, worauf er sich bezieht. Denn heute ist es im deutschsprachigen Theater möglich, ein Stück in jeden erdenklichen ästhetischen Rahmen zu setzen. Wenn die Arbeit in sich stimmig ist, wird es kaum Proteste von Seiten der Zuschauer und Kritiker geben.

In anderen Ländern, speziell im angelsächsischen Raum, ist es allerdings durchaus noch üblich, den Bühnenanweisungen des Autors so genau wie möglich zu folgen. Und auch im deutschsprachigen Raum ist der ästhetische Rahmen für die szenischen Interpretationen erst in den letzten Jahrzehnten immer weiter gespannt worden.

Es gab im deutschen Fernsehen von 1969 bis 1985 eine sehr populäre Fernsehsendung mit dem Titel ERKENNEN SIE DIE MELODIE?. In dieser Sendung wurden Arien aus verschiedenen Musiktheaterstücken in einem Bühnenbild gezeigt, das zu einem anderen Werk gehörte. Beide Werke sollten erraten werden. Damals hat diese Aufgabe niemanden verwundert. Sie war auch ohne Probleme lösbar, denn es gab eine allgemein akzeptierte Vorstellung davon, wie Bühnenbilder zu bestimmten Opern aussehen sollten. Heute wäre dieses Spiel aufgrund der ästhetischen Entwicklung in Schauspiel und Oper absolut undenkbar. Aber bis vor nicht allzu langer Zeit gab es auch im deutschsprachigen Raum noch ein relativ festes ästhetisches Zeichensystem.

Am Beispiel der Inszenierungen eines viel gespielten Autors lassen sich diese Entwicklungen der letzten Jahrzehnte vor Augen führen: Anton Tschechow ist ein von Theaterleuten nahezu einhellig geliebter Dichter. Peter Stein geht in seiner Wertschätzung sogar so weit, dass er vorschlägt, jeder Regisseur solle zumindest alle fünf Jahre ein Stück von Tschechow inszenieren. Seine Stücke, die dem Naturalismus zugerechnet werden, sind in den letzten Jahrzehnten nie von den Spielplänen verschwunden.

Gerade bei dieser Art von Theaterstück ist zunächst einmal die Forderung an den Regisseur ziemlich eindeutig. Und lange Zeit waren Tschechow-Aufführungen auch im deutschsprachigen Raum auf den ersten Blick als solche zu erkennen.

Da nahezu jeder bedeutende Regisseur im deutschsprachigen Theater sich mit diesen Stücken beschäftigt hat, kann man anhand einer Reihe exemplarischer Aufführungen aus den letzten zwei Jahrzehnten gut erkennen, wie sich die ästhetischen und interpretatorischen Ansätze weiterentwickelt oder wiederholt haben.

Tschechow

> *»Das ist so geschrieben, dass Du gar nicht anders kannst, als es so zu machen, wie es dasteht. Man kann sagen, es ist ein bisschen ideenlos, wenn mans macht, aber es ist einfach richtig, ein genial geschriebener Stoff! Es steckt aber mehr drin. Die Figuren in ihrer Art sind nicht modisch, sondern Modernität.«*
> Frank Castorf

> *»Tschechow ist kein naturalistischer Autor, er ist ein Realist. Er sieht die reale Welt vor sich, er versucht nicht, die reale Welt zu verstellen oder zu stilisieren.«*
> Peter Zadek

> *»Die Tschechow-Figuren fragen jeden Einzelnen, wie er mit der Welt, in der er lebt, umgeht. Sie erzeugen einen enormen moralischen Anspruch. Wenn man sich dem nicht stellt, sondern ausweicht und irgendwelche Scherze erfindet und das als heutige Regie verkauft, dann verrät man sie.«*
> Peter Stein

Die meistgespielten Stücke von Anton Tschechow sind Die Möwe, Drei Schwestern, Onkel Wanja und Der Kirschgarten. Alle namhaften Regisseure haben sich zumindest einmal an einem seiner Stücke versucht. Und man kann sich leicht vorstellen, dass bei so verschiedenen Regisseuren wie Roberto Ciulli, Luk Perceval, Dimiter Gotscheff, einem Theatermagier wie Klaus Michael Grüber oder Thomas Langhoff mit seinem großen realistischen Empfinden, aber auch einem hochästhetischen Bilderkünstler wie Robert Wilson die Bandbreite der Interpretationen enorm ist.

Noch in den siebziger und achtziger Jahren wurden die präzisen Bühnenanweisungen von Tschechow meistens beachtet. Sie wurden mal detailfreudiger, mal reduzierter umgesetzt. Ein gefeierter Höhepunkt an Detailreichtum und Finesse war die Inszenierung von Drei Schwestern an der Berliner Schaubühne durch Peter Stein 1984.

Diese Aufführung versuchte mithilfe von Stanislawskis Regiebuch der Uraufführung äußerst genau die damaligen Gegebenheiten zu erfassen. Dem Geist der Schaubühne verpflichtet, sah Peter Stein diese Arbeit als Untersuchung der historischen Lebensverhältnisse. Entsprechend akkurat war die opulente Ausstattung von Karl Ernst Herrmann. »Wie Stein mehr als zehn Schauspieler gleichzeitig führen kann. Wie er eine Szene vom Salon in das Nebenzimmer verlagert, wie er mit der Leere des Raumes spielt und mit dem Menschengedränge. Wie bei jedem Bild Vordergrund und Hintergrund immer dieselbe Schärfe haben, die Szenen nie auseinanderfallen in Solistik und Statisterie, Drama und Nebensache«[5], schwärmt Benjamin Henrichs in *Die Zeit.* Fünf Jahre später wiederholte Peter Stein diesen Erfolg mit seiner Inszenierung des KIRSCHGARTEN – auch an der Schaubühne.

1990 inszenierte Peter Zadek das weniger häufig gespielte Stück IVANOV auf völlig leerer Bühne, zwar in historischen Kostümen (Ausstattung: Peter Pabst), aber völlig ohne Wände, Türen und Fenster. Die Aufführung am Akademietheater Wien war durchaus realistisch in dem, was sie zeigte, aber die Ausstattung war auf das allernotwendigste reduziert. Die Wirkung dieser Aufführung für die weitere Tschechow-Rezeption war enorm. Peter Stein schreibt in seinem Nachruf auf Peter Zadek rückblickend:

> »Als er 1990 den IVANOV machte, war das ein Schock für mich. Damals hatte ich schon Tschechow inszeniert, dachte auch, dass ich es eigentlich ganz gut gemacht hatte – aber als ich dann sah, dass er mit überhaupt nichts auskommt und dem Stück und dem Autor trotzdem alles gegeben hat, was er braucht, hat mich das nachdenklich gemacht. Ich habe dann auch aufgrund dieser Tatsache versucht, meine Inszenierungsweise zu ändern, was den Tschechow betrifft. Ich habe den KIRSCHGARTEN später sogar noch einmal wiederholt im Gedanken an die Erfahrung des IVANOV, den ich ganz ausgezeichnet fand, ganz überwältigend ausgezeichnet.«[6]

Zadek sagt zu dem Verzicht auf ein gebautes Bühnenbild bei IVANOV: »Die Anpassung oder Reibung an einer zusätzlichen Realität stört mich nur, ich brauche nur die richtigen Augen und die richtigen Töne der

5 Benjamin Henrichs, Die alten Kinder, in: *Die Zeit* vom 10.2.1984.

6 Peter Stein, Einer meiner Meister, in: Peter Zadek, Die Wanderjahre, Kiepenheuer & Witsch, Köln 2010, S. 460.

Menschen.«[7] Benjamin Henrichs setzte diese Haltung in *Die Zeit* in einen theaterhistorischen Zusammenhang:

»›Die Aufführung gibt Gelegenheit, eine Reihe von Menschen kennenzulernen‹ – so demütig und so stolz kündigten einst Peter Stein und Botho Strauß ihre Schaubühnen-Inszenierung von Gorkis SOMMERGÄSTEN an. Aber dann war die Aufführung natürlich doch viel mehr: Sie präsentierte ein kühnes ästhetisches System, eine hochbewußte, hochkomplizierte Choreographie – und ein politisches Gleichnis. Noch radikaler als in seinen früheren Tschechow- und Ibsen-Inszenierungen nimmt Peter Zadek im Wiener IVANOV die Gegenposition ein. ›Eine Reihe von Menschen‹ zeigt seine Aufführung, mehr nicht, aber man spürt sofort: Ein größeres Projekt gibt es nicht.«[8]

Diese Haltung fand achtzehn Jahre später ein Echo in den Tschechow-Arbeiten von Jürgen Gosch am Deutschen Theater in Berlin, ONKEL WANJA und DIE MÖWE. Auf sehr reduzierter Bühne, die in beiden Fällen den Schauspielern nur wenig Raum zum Spielen hinter der Rampe ließ, waren alle Schauspieler immer anwesend und schauten den anderen bei ihren Szenen zu. Auch hier gelang eine Nahaufnahme von komplexen, widersprüchlichen Menschen. Michael Eberth, der als Dramaturg DIE MÖWE betreut hat, schreibt in seinen Probennotizen über die Suche nach den richtigen Kostümen: »Es darf eines nicht: das Gespielte ästhetisch aufladen.«[9] Ulrich Matthes, der Darsteller des Wanja, beschreibt die Haltung von Jürgen Gosch bei den Proben zu ONKEL WANJA: »Ich denke manchmal, dass Gosch auf uns so einen Blick hat wie Tschechow auf seine Figuren. Vollkommen distanziert und unbarmherzig, fast kalt, wie ein Arzt eben, und doch völlig empathisch. Gleichzeitig.«[10]

Beide Regisseure, Zadek und Gosch, konnten zum Zeitpunkt ihrer Inszenierungen auf eine lange Erfahrung mit den Stücken Tschechows

7 Peter Zadek, Die Wanderjahre, ebd., S. 174.

8 Benjamin Henrichs, Friede den Menschenfressern!, in: *Die Zeit* vom 15.6.1990.

9 Michael Eberth, »Das Ordentliche müsst ihr nicht spielen, das kommt von allein«, in: *Theaterheute. Jahrbuch 2009,* Friedrich Berlin Verlag, Berlin 2009, S. 105.

10 Ulrich Matthes, Warten auf die Wahrheit, in *Theaterheute. Jahrbuch 2008,* Friedrich Berlin Verlag, Berlin 2008, S. 97.

zurückblicken, Zadek hatte lange vor IVANOV schon DER KIRSCHGARTEN und DIE MÖWE inszeniert. Gosch hatte Anfang der Neunziger kurz hintereinander DIE MÖWE und ONKEL WANJA schon einmal inszeniert. Aber erst die späten Arbeiten – zu deren Zeitpunkt beide interessanterweise in einem ähnlichen Alter waren – brachten beiden den nahezu unangefochtenen Erfolg mit einer Sichtweise, die sich ganz auf die Menschen konzentrierte.

Während IVANOV in Wien auf dem Spielplan war, gastierte auch eine bemerkenswerte Aufführung der DREI SCHWESTERN aus New York bei den Wiener Festwochen. Elizabeth LeCompte hatte sich das Stück mit ihrer Gruppe, der Wooster Group, unter dem Titel BRACE UP! vorgenommen. Verblüffend für das Theaterpublikum in Deutschland war ihre offensichtliche Distanz zur Textvorlage. Eines der Mittel, auf der Bühne mit dieser Distanz umzugehen, war der Einsatz von Video – zu dieser Zeit noch nicht so üblich wie heute, aber von der Wooster Group damals wie heute innovativ eingesetzt. Die drei Schwestern waren mit älteren Frauen (keine gelernten Schauspielerinnen, sondern Künstlerinnen verschiedener Sparten) besetzt und das Stück wurde durch japanische Filme und hawaiianische Tänze ergänzt. Bei einem Publikumsgespräch nach einer Aufführung bei den Wiener Festwochen nahm Elizabeth LeCompte für sich einen amerikanischen Standpunkt in Anspruch. Sie erklärte, wie eigentümlich es für sie sei, in Wien ein Musikstück von Beethoven in einer Kirche zu hören, für die Beethoven dieses Stück komponiert hat. Sie selbst hätte zu einem Stück von Tschechow die gleiche Distanz wie zu einem japanischen Film oder einem hawaiianischen Tanz. Es wäre also für sie auch kein konstruktiver Vorgang, eine nichtvorhandene Nähe bei einer Inszenierung zu behaupten, sondern viel sinnvoller, ihre Distanz offen zum Thema zu machen.

Damals schienen die Haltung von Elizabeth LeCompte und die Freiheit, die sie sich dem Text gegenüber nahm, noch durchaus provokant und verstörend. In den folgenden Jahrzehnten gab es aber auch im deutschsprachigen Theater einen deutlichen Bruch mit der klassischen Aufführungstradition. Stellvertretend für die vielen Versuche, mit diesen realistischen Stücken freier umzugehen, möchte ich ein paar Aufführungen bzw. Aufführungsaspekte benennen.

Christoph Marthaler holte 1997 an der Volksbühne in Berlin die DREI SCHWESTERN in seinen sehr persönlichen Theaterkosmos und setzte sie in ein mehrstöckiges Treppenhaus mit vielen geheimnisvollen Tapetentüren und Winkeln.

> »Das Treppenhaus von Anna Viebrock, in dem Tschechows Drei Schwestern ihr Bühnenleben fristen, ist groß und licht, verrät die Ansprüche, die es vor Zeiten ermöglicht haben. Es muss einmal der Wunsch nach Repräsentation und Offenheit genau hier verwirklicht worden sein, in der verschwenderischen Mitte eines Hauses, das auf zahlreichen Ebenen zahlreiche Menschen beherbergte, Familie, Dienstboten, Freunde. Jetzt ist es die Stein gewordene Flaute, trostlos geräumig, von der Melancholie einer osteuropäischen Hotelhalle, in der man sich im Erdgeschoß schließlich niederlässt, auf den zusammengewürfelten Stühlen, auf den gleichgültigen Fliesen. Dort sitzt man und träumt vom Leben …«[11]

Marthaler inszenierte das vorrevolutionäre Stück gewissermaßen durch eine nachrevolutionäre Brille – mit dem Wissen um das Scheitern – als ein trauriges, komisches Nachspiel. Auch bei ihm waren die Personen – speziell die Schwestern – wesentlich älter besetzt und durch die Beschreibung des lähmenden Stillstands im Alltag wurden Vergeblichkeit der Sehnsucht und Festhalten an Erinnerung zu den zentralen Themen.

Das Bühnenbild von Barbara Ehnes für Stefan Puchers Inszenierung der Möwe am Hamburger Schauspielhaus 2000 versuchte nicht, eine ästhetische Klammer um das ganze Stück zu spannen, sondern gab den verschiedenen Szenen ganz verschiedene Darstellungsebenen – den Zuschauerraum oder eine Filmleinwand. Diese Zergliederung öffnete auch dem Zuschauer neue Assoziationsräume. Den Beginn beschreibt Julia Bolbrinker in *Der Spiegel*:

> »Eine verstärkte Stimme mischt sich in das Gemurmel im Theatersaal und weicht dem Ohr immer wieder aus. Das Auge zappt von einem Lautsprecher zum anderen. Der Blick bleibt an einer Loge hängen. Da sitzen sie, die Schauspieler, auf sämtliche kleinen Balkone verteilt. Das Parkett wird zum Graben, über den hinweg sie sich die Dialoge zurufen. Die gewohnte Trennungslinie zwischen der Inszenierung und dem Publikum im Saal lässt sich nicht ziehen. Wie ungemütlich.«[12]

Luk Perceval, der nach intensiven Tschechow-Interpretationen in seinem Theater in Antwerpen sich auch in deutscher Sprache mit dem

11 Elke Schmitter, Die Überflüssigen, in: *Die Zeit* 39/1997.

12 Julia Bobrinker, Die alte »Möwe« als bunter Vogel, http://www.spiegel.de/kultur/gesellschaft/0,1518,105685,00.html (letzter Zugriff 7. Juni 2011).

Autor auseinandersetzte, sagt zu der Textbehandlung bei Onkel Wanja 2004 in Antwerpen: »Statt die schlechten Übersetzungen für heilig zu erklären, habe ich die Schauspieler gebeten: Lernt den Text auswendig und sagt ihn am nächsten Tag mit euren eigenen Worten. Daraus ist in einem dialektischen Prozess, wenn man das so bezeichnen will, eine viel intensivere Darstellung entstanden.«[13]

Nach vielen gefeierten Inszenierungen von Tschechows Stücken nahm sich Dimiter Gotscheff an der Volksbühne in Berlin auch den seltener gespielten Ivanov vor. Zu seinem Ansatz sagte er in *Der Spiegel*: »Ich versuche eher, die Figuren zu enthäuten.«[14] Samuel Fintzi stand als verzweifelter, zweifelnder Ivanov vor einer Nebelwand (Bühne: Katrin Brack), die in manchen Szenen undurchdringlich schien und sich in anderen lichtete. Durch diesen Nebel drangen die einzelnen Figuren zu Ivanov vor und verschwanden auch wieder in ihm. Die ganze Gesellschaft wurde aus seiner subjektiven Perspektive betrachtet und schien zeitweise nur aus Fratzen zu bestehen. Die große Sogkraft dieser Aufführung bestand in der radikalen Begrenzung der Perspektive.

Andreas Kriegenburg baute 2006 für Drei Schwestern an den Münchner Kammerspielen als sein eigener Bühnenbildner ungeheure Traumlandschaften und erzählte das Stück so aus einer alptraumartigen Kinderperspektive. »Dann kramt Olga einen Puppenbalg hervor, trennt ihm den Pappmaché-Kopf ab und stülpt ihn sich selbst aufs Haupt – Initiationsgeste dafür, dass Frauen wie Männer fortan Schwellköpfe mit betrübten Mondgesichtern, Pausbacken, dunkel gerandeten Kugelaugen und runden Mündern tragen. Das Geisterhaus als Spielstube, die infantile Maske als Schutzvorkehrung gegenüber dem Ich-Verlust.«[15]

Bert Neumann erfand 2010 für Frank Castorfs Drei Schwestern-Version Nach Moskau! Nach Moskau! einen zeichenhafteren Raum: Vor einem riesigen Prospekt, der eine kitschige russische Landschaft zeigt, stehen zwei, durch rohes Holz mehr zitierte als komplett erstellte Bauten: links eine Bauernkate, rechts eine großbürgerliche

---

13 Luc Perceval, Theater und Ritual, Alexander Verlag, Berlin 2005, S. 162.

14 Dimiter Gotscheff, zitiert nach: Anke Dürr, Ein Brechtianer kennt keinen Weltschmerz, http://www.spiegel.de/spiegel/Kulturspiegel/d-46435589.html (letzter Zugriff 7. Juni 2011)..

15 Andreas Wilink, Die Pein der Puppe, in: *Theaterheute. Jahrbuch 2007*, Friedrich Berlin Verlag, Berlin 2007, S. 73.

Veranda. Damit wird gleich auf einen gesellschaftspolitischen Aspekt verwiesen, der zudem Futter kriegt durch das Verschneiden des Stücktextes mit einer Erzählung von Tschechow, DIE BAUERN. Diese Erzählung beschreibt eine vergleichbare Sehnsucht nach der Großstadt, aber nicht aus der großbürgerlichen Perspektive sondern aus der Perspektive der titelgebenden Bauern.

Vor dem Landschaftsprospekt hängt eine LED-Wand, auf der sowohl live gefilmte Stückteile zu sehen sind als auch Untertitel, mal russisch, mal deutsch, je nachdem, welche Sprache auf der Bühne gerade gesprochen wird – zunächst sicher der Koproduktion Moskau / Wien / Berlin geschuldet, aber dann als verfremdendes Element fest in den Abend integriert.

Castorf lässt zudem entschlossen Komödie spielen und treibt den Figuren damit jeden Rest an Sentimentalität aus. Im Gegensatz zu den Ansätzen von Zadek und Gosch sind die Figuren auf der Bühne hier klar von außen konturiert – mit all ihren Widersprüchen. Frank Castorf schreibt dazu im Programmheft:

> »Das ist ja auch mit so einem beißenden Sarkasmus und einem Zynismus geschrieben, aber man merkt, dass sich da was anderes, größeres ankündigt. Das ist mir in Erinnerung geblieben bei dem KIRSCHGARTEN, den der Stein gemacht hat, der wirklich großartig war, in seiner Genauigkeit, im Filigranen, wie es geschrieben ist, mit einer großen Qualität hat er das gemacht – man kann sich natürlich auch anders dagegen wehren. Merkwürdig war, dass die DDR-Bonzen das auch alle großartig fanden, in den 80er Jahren, als er in der DDR gastierte. Und da wurde ich etwas stutzig, das kann ja nicht sein. Aber der Stein hatte mit dem Schlagen der Hölzer da hinten etwas gesetzt. Was die Waldarbeiter, was die Bauern tun – (…) da merkt man, dass da ein Wind weht und der Wind heißt Oktoberrevolution.«[16]

16 Frank Castorf, »Schluss mit der Sehnsucht«, Programmheft »Nach Moskau! Nach Moskau!«, Volksbühne am Rosa-Luxemburg-Platz, Berlin 2010, S. 56.

Regie aus Sicht einer Dramaturgin: Gespräch mit Andrea Koschwitz

Andrea Koschwitz, geboren 1957 in Ostberlin, begann nach dem Studium der Theaterwissenschaften an der Humboldt-Universität Berlin 1984 ihre Theaterarbeit als Schauspieldramaturgin an den Städtischen Bühnen Karl-Marx-Stadt/Chemnitz. (u. a. Dramaturgie von Heiner Müllers BAU, Regie: Frank Castorf). Es folgten Engagements am Mecklenburgischen Staatstheater Schwerin und an der Berliner Schaubühne. Als Chefdramaturgin des Mecklenburgischen Staatstheaters Schwerin galt ihr besonderes Interesse einer Vielzahl von Uraufführungen zeitgenössischer Theatertexte. Ab 1998 arbeitete sie als Dramaturgin und ab 2000 als Leitende Dramaturgin an der Volksbühne am Rosa-Luxemburg-Platz u. a. mit Frank Castorf, Christoph Marthaler, Dimiter Gotscheff. Von 2004 bis 2006 war sie Chefdramaturgin am Staatsschauspiel Dresden. Ab 2006 arbeitete sie am Maxim Gorki Theater als Chefdramaturgin u. a. mit Armin Petras, Jan Bosse, Tilmann Köhler, Nora Schlocker, Elmar Goerden und Milan Peschel.

Boris von Poser: Sieht die Arbeit, die Sie heute als Dramaturgin machen, so aus, wie Sie sich den Beruf während des Studiums vorgestellt haben?

Andrea Koschwitz: Ich würde sagen, vor zehn Jahren war es genau das, was ich mir vorgestellt hatte. In den letzten Jahren hat sich im deutschen Stadttheater viel geändert.

Boris von Poser: Was hat sich verändert?

Andrea Koschwitz: Der heutige Dramaturg wird immer mehr zu einer Art Produktionsleiter und somit zu einer Art Dienstleister des immer schneller rotierenden Theaterbetriebes. Er arbeitet weniger mit und an Texten. Meistens geht es darum, die Besonderheit einer Theaterarbeit zu profilieren und sie dann zu organisieren. Ob das nun in der Form des Dokumentartheaters geschieht oder bei einer ganz normalen Inszenierung. Besondere Gäste oder zusätzliche Effekte müssen ausgedacht und realisiert werden. Gibt es zum Beispiel einen Chor, wie bei Volker Lösch, oder einen Musiker, der noch gebraucht wird? Das sind alles Dinge, um die man sich als Dramaturg kümmert. Dabei hat man aufgrund der steigenden Produktionszahl pro Spielzeit viel mehr Produktionen zu betreuen und somit einen häufigen Wechsel an Regisseuren, auf die man sich einstellen muss. Man wird als fest engagierte Dramaturgin zu einer Art Verbindungsglied zwischen Intendanz und Ensemble und dem Gastregisseur und begleitet ihn wie ein »Coach« im jeweiligen Theater. Die Regiehandschriften und der Charakter der Produktionen unterscheiden sich oft sehr voneinander, sodass man als Hausdramaturgin hauptsächlich damit beschäftigt ist, diese Handschriften innerhalb des Hauses und nach außen zu vertreten.

Boris von Poser: Wie sieht der Alltag einer Dramaturgin konkret aus?

Andrea Koschwitz: Als erstes geht es darum, welche Regisseure am Haus arbeiten werden. Das bedeutet für den Dramaturgen umherzufahren, neue Talente zu entdecken und für das Theater zu gewinnen, vor allem Regisseure, aber natürlich auch Schauspieler. Bei der Auswahl der Regisseure spielt für mich immer eine Rolle, wer für die Schauspieler des Theaters interessant ist, welche Regiehandschrift, zum Beispiel die Arbeit eines regieführenden Intendanten ergänzen oder sogar fördern kann. Natürlich ist auch wichtig, welcher Regisseur gerade angesagt ist.

Nachdem die Entscheidung über das Engagement eines Regisseurs gefallen ist, bleibe ich als Dramaturgin während der gesamten Probenphase der wichtigste Kommunikator zwischen dem Regisseur und dem Theater. Ich bespreche mit ihm das Stück und die Besetzung. Aber hier kommt es darauf an, ob, wie in meinem Fall, ein Intendant das Theater leitet, der selbst Regie führt oder nicht. Wenn ein ehemaliger Chefdramaturg das Theater leitet, finden diese Gespräche meist zwischen dem Intendanten und den Regisseuren statt.

Stehen das Stück oder Projekt und die Besetzung fest, dann entstehen Strichfassung und Konzept und die Fülle der eigenen Momente im Sinne der inhaltlichen und ästhetischen Spezifik der Inszenierung.

Boris von Poser: Die Veränderung des Berufs in den letzten zehn Jahren hat also auch mit dem Aufbrechen der Formen zu tun?

Andrea Koschwitz: Absolut. Es geht in der heutigen dramaturgischen Arbeit längst nicht mehr nur um die Beschäftigung mit Texten.

Boris von Poser: Aber gerade Sie haben doch in den letzten Jahren zum Beispiel viele Bearbeitungen von Romanen gemacht …

Andrea Koschwitz: Aber das geschieht inzwischen oft nebenbei und nicht selten in zusätzlicher Nacht- und Urlaubsarbeit. Wir haben am

Maxim Gorki Theater Berlin zwischen 2006 und 2011 immer wieder thematische Festivals entwickelt und so zum Beispiel über zwei, drei Jahre parallel mit verschiedenen Autoren und Wissenschaftlern oder Menschen aus einem sozialen Brennpunkt gearbeitet. Wenn man dann parallel dazu an Inszenierungsprojekten wie WERTHER oder auch ANNA KARENINA sitzt, muss man sich die Zeit für die Arbeit am Text fast »rauben«. Achtzig Prozent der Arbeitszeit ist man mit anderen Dingen beschäftigt.

Boris von Poser: Sie beschreiben das mit einem großen Bedauern …

Andrea Koschwitz: Das Zentrum der Theaterarbeit im Schauspiel hat sich verlagert. Das ist teilweise sehr gut, weil wirklich neue Formen entstanden sind. Allein welche Bedeutung das körperliche Spiel auf der Bühne gewonnen hat! Die vielen Dinge, die heute nur über den Körper erzählt werden, völlig unabhängig vom Text – das ist eine große Bereicherung.

Aber es gibt auch große Verluste. In meinen Anfängerjahren kannte ich viele Regisseure, die noch stark von Brecht geprägt waren. Mit denen traf man sich fast zwei Monate lang als Regieteam und arbeitete am Text und an der Konzeption in einem gemeinschaftlichen Arbeitsprozess. Das war natürlich für mich sehr spannend, weil man so sehr viel gelernt hat. Es war wirklich eine gemeinschaftliche Suche, die sich später in der Zusammenarbeit mit den Schauspielern fortgesetzt hat. Dafür ist heute kaum noch Zeit.

Die Fassungen und nicht selten auch die Konzeptionen entstehen heute meistens während der Proben. Es gibt natürlich auch sehr unterschiedliche Arbeitsweisen. Wobei man sagen muss, dass es keine Generationenfrage mehr ist. Ich habe mit sehr jungen Regisseuren zusammengearbeitet, die sich sehr genau mit dem Text auseinandersetzen.

Boris von Poser: Sie waren in den neunziger Jahren auch kurz an der Berliner Schaubühne engagiert.

Andrea Koschwitz: An der Schaubühne war der Beruf für mich genau das, was ich mir vorgestellt hatte. Man hatte Zeit für die gemeinsame Vorbereitung und ist den Regieideen nicht nur hinterhergelaufen. Ich fand es sehr spannend, als Andrea Breth mit Dieter Sturm an ORESTES gearbeitet hat. Bei den wochenlangen Sitzungen waren zum Teil auch Schauspieler dabei. Es ging immer um den Text und die Übersetzungen. Dazu kamen die wichtigen Querverweise. Auch und gerade für die Entscheidung, welche Übersetzung man nimmt, brauche ich Zeit. Eine Strichfassung, die entsteht relativ schnell. Aber heute haben wir manchmal viel zu wenig Zeit, um zu entscheiden, welches Stück gespielt und welche Übersetzung genommen wird. Die Arbeit an Ibsens PEER GYNT mit Jan Bosse war eine gegenteilige Erfahrung. Es war sehr schwierig für uns herauszufinden, wie wir sprachlich zu einer Art Modernität kommen, ohne diesen »nordischen Faust« aktuell zu sehr zu verbiegen oder ihn flach zu machen. Also haben wir versucht, selbst eine Überarbeitung der Übersetzung von Morgenstern zu entwickeln. Da mussten wir natürlich mehr Zeit investieren.

Die aktuelle Entwicklung im Theater hat natürlich auch mit der Entwicklung der Medien zu tun. Ich habe 1999 auf der Probe erlebt, wie Frank Castorf und Henry Hübchen die Videokamera als Mitspieler entdeckt haben. Das war bei den ROSENKRIEGEN im Prater, bei der Inszenierung von HEINRICH VI. Da gab es eine kleine Videokamera und Henry Hübchen, der viel beim Film arbeitet, fing auf der Probe plötzlich an, seine Kollegen zu filmen. Castorf entwickelte daraus eine Art Unterschichten-Talkshow. Aufgrund der medialen und der technischen Möglichkeiten bekamen die Bilder inhaltlich eine völlig neue Funktion. Plötzlich wurden Bilder viel wichtiger als Texte.

Boris von Poser: Sie haben sehr früh mit Frank Castorf gearbeitet.

Andrea Koschwitz: Bei der Arbeitsweise von Frank Castorf hat Dramaturgie immer eine große Rolle gespielt: die Dekonstruktion der Theaterstücke und ihre Montage mit fremden Texten und Liedern. Ich hatte Castorf vor meiner Schaubühnenarbeit Mitte der achtziger Jahre kennengelernt. Bei ihm erlebte ich zum ersten Mal, dass jemand den Begriff des Dramaturgischen wirklich als ein künstlerisches Mittel benutzt hat, auch den Schauspielern gegenüber. Er sagte mir einmal auf der Probe: »Das lösen wir dann dramaturgisch.« Das meinte damals schon nicht nur Striche, sondern szenische Dekonstruktionen mittels Fremdtexten, Schnitten und Songs. Das war 1986 noch etwas völlig Neues, dass man dramaturgisch, im Sinne von künstlerisch-praktisch, tätig sein kann. Wir haben damals gemeinsam an Heiner Müllers BAU gearbeitet. In der Vorbereitungszeit hatte ich, um nur ein Beispiel zu nennen, eine Dissertation in der Bibliothek entdeckt, die sich damit beschäftigte, wie die Theaterstücke Heiner Müllers die gesellschaftlichen Umbruchprozesse vom kollektivierten zum isolierten Individuum widerspiegeln. Er hat es gelesen und daraus eine Struktur für seine

Inszenierung entwickelt, indem er Texte aus Müllers späteren Theaterstücken QUARTETT und AUFTRAG eingefügt hat.

Boris von Poser: Als Dramaturgin gestaltet man den Spielplan und stellt auch oft die Teams für die Produktionen zusammen. In der Probenarbeit gibt man dann die Verantwortung an den Regisseur ab. Ist das nicht manchmal schwer?

Andrea Koschwitz: Wenn man in der Vorbereitung seine Arbeit gut gemacht hat, ist man froh, wenn der Regisseur sie in Szene setzt. Man hat diesen Regisseur oder die Regisseurin ausgewählt, weil man ihn oder sie für dieses Stück oder für dieses Projekt mit diesen Schauspielern richtig fand.

Ich glaube, eine wichtige Voraussetzung für einen Dramaturgen ist, keine Angst vor dem Abgeben zu haben und nie mit dem Bewusstsein zu arbeiten, es gar besser machen zu wollen. Das ist die Entscheidung, ob man selbst Regie führt oder als Dramaturg tätig ist. Ich erinnere mich dabei aber immer auch an einen sehr weisen Spruch von einem meiner ersten Professoren: dass jeder gute Regisseur zu vierzig Prozent ein guter Dramaturg und jeder gute Dramaturg zu vierzig Prozent ein guter Regisseur sei. Ein Dramaturg, der zum Partner für den Regisseur und die Schauspieler wird, braucht auch szenische Fantasie. Und es gibt viele Dramaturgen, die sich später für den anderen Beruf entschieden haben. Hätte ich nicht so früh so guten Regisseuren zugeschaut, hätte ich es wahrscheinlich auch irgendwann getan.

Boris von Poser: Ein Dramaturg gerät oft in Loyalitätskonflikte zwischen dem Autor und dem Regisseur, aber auch oft zwischen dem eigenen Haus und dem Regisseur.

Andrea Koschwitz: Ich verstehe mich als Dramaturg als Mittler, und das im wahrsten Sinne des Wortes: als ein Vermittler, auch eine Art Dolmetscher. Ich bin als Dramaturg dazu da, sowohl zwischen Autor und Regisseur, als auch zwischen Regisseur und Intendant, zwischen Team und Schauspielern und natürlich schließlich auch zwischen Inszenierung und Publikum zu vermitteln.

Trotzdem ist das Loyalitätsprinzip wirklich ein Problem, gerade wenn die Inszenierungsprozesse immer kürzer werden. Man produziert immer schneller. Dabei ist es kompliziert, genau auszutarieren, wann man die Schauspieler schützen muss, weil sie einfach überarbeitet sind oder wann man sie weiter herausfordern kann: wenn zum Beispiel ein Schauspieler sich nicht vorbereitet hat, aber man genau weiß, dass er zu viele Vorstellungen spielen musste. Manchmal kann man sie gar nicht mehr schützen, weil man selbst durch die Forderungen des Betriebs gehetzt wird: »Wir müssen produzieren. Wir müssen präsent sein in der Stadt.« Ich finde diesen Druck, dem die Theater ausgesetzt sind oder den sie sich selbst auferlegen, enorm. Da loyal zu bleiben und die Schauspieler aufzufordern, etwas eigentlich Unseriöses mit aller Kraft durchzuziehen, fällt mir immer schwerer.

Eine Sache allerdings habe ich mir auf die Fahne geschrieben: Wenn ich ein neues Stück mache und es sich um einen lebenden Autor handelt, muss der Autor mit im Boot sein und darf nicht zur Seite geschoben werden. Ich finde es nicht gut, wenn ein Autor, was leider immer häufiger geschieht, zugunsten der Regie vernachlässigt wird. Man muss vorher entscheiden, ob man das Stück aufführt oder nicht.

Boris von Poser: Es gibt Dramaturgen, die nebenbei ein Stück nach dem anderen schreiben, andere fangen irgendwann an, selbst zu inszenieren – gibt es so eine Sehnsucht bei Ihnen?

Andrea Koschwitz: Schreiben war nie mein Ziel, nein. Mein Interesse galt sehr früh der praktischen Theaterarbeit und der Zusammenarbeit mit unterschiedlichen Regisseuren.

Boris von Poser: Und wie unterscheidet sich die Arbeit in der Realität mit so unterschiedlichen Regisseuren wie Castorf, Marthaler, Gotscheff, Petras, Köhler, Bosse?

Andrea Koschwitz: Gerade Christoph Marthaler und Dimiter Gotscheff sind in ihrer Regiearbeit sehr eigen, was mich sehr fasziniert. Bei den Zehn Geboten mit Marthaler an der Volksbühne war für mich speziell, dass die meisten Proben nur über die Musik funktioniert haben. Die Arbeitsweise kannte ich in der Form noch von keinem anderen Regisseur. Das war so ein Fall, wo man als Dramaturg einfach zuschaut, wie aus anderen ästhetischen Formen Sinn entsteht. Meine Aufgabe war es, zu verfolgen, welche Lieder und welche musikalischen Szenen auf diese Weise funktionierten, welche man streichen sollte und welche man vielleicht an eine andere Stelle setzt. Das war eine sehr intuitive Arbeit.

Bei Gotscheff ist es anders. Er arbeitet sehr dramaturgisch. Die Inszenierungsarbeit an Koltès' Kampf des Negers und der Hunde war schon in der Vorbereitung sehr ungewöhnlich. Gotscheff beschrieb den Text als eine Ansammlung von Monologen und gab mir den Auftrag, für jede Figur die gesamten eigenen Textpassagen zusammenzufassen. Auf den ersten Proben standen Wolfram Koch, Almut Zilcher und Milan Peschel als »drei weiße Tenöre« an den Mikrofonen und sprachen ihre gesamten Figurentexte parallel, ohne auf einen Dialog zu achten, und Samuel Finzi saß als »Neger« im Zuschauerraum. Das war das Gerüst und die Grundidee der Inszenierung, die in den späteren Proben spielerisch aufgebrochen worden ist.

Boris von Poser: So hat man das in der Aufführung gar nicht mehr bemerkt.

Andrea Koschwitz: Nein, natürlich haben sie im Laufe der Probenarbeit Situationen und Szenen entwickelt und miteinander gespielt, aber die anfängliche Arbeit an den Monologen bestimmte die Grundgeschichte des Abends: eine Erzählung über drei weiße Stars, drei einsame Solisten, die in einer ihnen sehr fremden Welt ihr Glück suchen. Als Bühnenbild fiel über die gesamte Zeit der Aufführung Konfetti auf die Bühne. Das störte die Schauspieler irgendwann. Selbst Gotscheff wurde unsicher. Das war aber von Anfang an von der Bühnenbildnerin Katrin Brack genau so konzipiert. Das ist so ein Moment, wo man als Dramaturgin dann zum Vermittler zwischen Bühnenbildner und Schauspieler werden muss. Man sitzt als Dramaturg im Zuschauerraum und kann sehen, dass es funktioniert.

Boris von Poser: Ist die Arbeit leichter, wenn es sich um ein Lieblingsprojekt handelt? Oder sind das eher heikle Arbeiten?

Andrea Koschwitz: Das sind schon die heiklen Situationen und manchmal merkt man sehr bald, dass man sich das Projekt zu sehr gewünscht hat. Eigentlich sind die tollen Theaterarbeiten die, wenn aus einem Gespräch ein ganz unerwartetes Projekt entsteht. Man hat plötzlich eine Idee und dann sagt der Regisseur: »Das würde ich gerne machen.« Es gibt manchmal Theaterstücke, die mich sehr interessieren würden, aber wenn dann mein Gegenüber zögert, dann bin ich doch zu sehr Dramaturgin, als dass ich es weiter forciere.

Boris von Poser: Gibt es nie Stoffe, zu denen Sie Regisseure überreden?

Andrea Koschwitz: Das geht nicht. Man kann nicht jemandem ein Theaterstück einreden, das er nicht inszenieren will. Es gibt natürlich Zwänge, die man vor allem an kleineren Theatern hat, zum Beispiel gegenüber dem Repertoire. Wo man ganz klar zu verstehen bekommt, dass wieder ein Klassiker her muss. Manchmal wählt man auch ein Stück für bestimmte SchauspielerInnen. Nach vielen Romanbearbeitungen wird man auch sagen, jetzt wäre es an der Zeit für ein gut gebautes Stück. Hier am Gorki haben wir nach einer Reihe von Romanprojekten GESCHLOSSENE GESELLSCHAFT und GLASMENAGERIE in den Spielplan genommen. Für die Schauspieler war das wunderbar. Das kann eine Situation sein, in der man zu einem Regisseur sagt: »Es wäre gut, wenn du das machen würdest.« Aber man darf niemanden zu einem Projekt überreden, auf gar keinen Fall.

Boris von Poser: Wie ist Ihre Erfahrung: Ist es konstruktiver, auf jeder Probe zu sitzen oder bringt es mehr, in Abständen die Proben zu besuchen?

Andrea Koschwitz: Das ist sehr unterschiedlich. Ich glaube bei Regisseuren, die aus der Improvisation heraus arbeiten und mit langem Vorlauf, muss man nicht jede Probe sehen. Ideal war bis vor fünf, sechs Jahren für mich am Anfang der Proben dabei zu sein, zwei Wochen wegzubleiben und in den letzten zwei Wochen wiederzukommen. Man kann die Vorarbeit überprüfen, Regie und Schauspieler bei der Entwicklung der szenischen Proben alleine lassen und dann wieder als eine Art »erster Zuschauer« dazukommen.

Boris von Poser: Aber die Regel kann man nicht mehr anwenden?

Andrea Koschwitz: Nein, weil die Arbeitsweisen so unterschiedlich sind. Manche Teams entwickeln die Projekte auf den Proben. Da darf man als Dramaturg kaum fehlen. Bei anderen Regisseuren ist es gut, zu einem späteren Zeitpunkt bei den Proben immer dabei zu sein, damit sie nicht die guten Sachen wieder rausstreichen.

Bei Jan Bosses WERTHER hatte ich zum Beispiel vier Produktionen parallel zu betreuen. Das war zur Eröffnung der neuen Intendanz am Gorki Theater. Da war ich nur zu Beginn bei den Proben und habe gemerkt, unsere Fassung funktioniert und kam erst zu den Endproben wieder.

Dann gibt es Produktionen, bei denen es gut ist, wenn der Regisseur immer mal nach hinten zum Dramaturgen sehen kann. Das hängt nicht nur vom Regisseur ab, sondern auch mit den Texten zusammen. Ist es ein komplizierter Text, ein Jelinek-Text zum Beispiel, dann muss man schon sehr intensiv überprüfen, wie weit die Vision vom Anfang wirklich auf der Bühne funktioniert. Auch ein antiker Text braucht viel dramaturgische Arbeit.

Es gibt Regisseure, auch junge, die mehr dramaturgisches Material mitbringen, als ich je für Produktionen heraussuchen würde. Manch ein Regisseur braucht nur ganz einfach eine Biografie vom Autor, dem anderen kannst du damit gar nicht kommen. Teilweise werden als Material nur noch Filme verlangt. Ich glaube, dass es da keine Rezepte mehr gibt.

Eines sollte man als Dramaturg aber unbedingt können: Man muss sich den frischen Blick bewahren. Man muss immer eine Art »erster Zuschauer« und gewissermaßen der Inszenierung fremd bleiben, selbst, wenn man jeden Tag auf der Probe sitzt. Wenn man alles gut findet, was der Regisseur macht, wird es unproduktiv.

Boris von Poser: Das kann eine sehr wichtige Aufgabe für einen Dramaturgen sein, einem Regisseur zu einer Konsequenz zu verhelfen.

Andrea Koschwitz: Absolut, das ist für mich sehr wichtig! Wenn ich als Dramaturgin sehe, die Inszenierung entwickelt sich in eine Richtung, kann ich sie durch genaue Beschreibung fokussieren. Dafür muss man Momente entdecken können, die auf der Bühne nur im Ansatz vorhanden und oft nur ahnbar sind, und dem Regisseur helfen können, sie konsequent weiterzuentwickeln.

Das Gespräch fand im März 2011 in Berlin statt.

Zusammenarbeit mit dem Bühnenbildner

Die wesentliche Frage, die sich ein Regisseur stellen muss, bevor er an die Arbeit mit dem Bühnenbildner geht, ist: Was ist für den Verlauf der Handlung dieses speziellen Stückes unerlässlich? Konkret: Sind verschiedene Schauplätze nötig? Braucht man Türen, Fenster etc.? Gibt es absolut notwendige Möbel? Muss man aus dramaturgischen Gründen an einer Stelle ein besonders großes, wirkungsvolles Bild schaffen? Mit diesen Vorgaben kann ein Bühnenbildner an den Entwurf gehen. Manche Bühnenbildner haben gerne genauere Gespräche im Vorfeld, manche arbeiten lieber völlig autonom. Aber nur wenn der Regisseur für sich selbst die wichtigen den Raum betreffenden Fragen geklärt hat, kann er den Entwurf des Bühnenbildners auch beurteilen. Es hilft nichts, einen Bühnenentwurf schön zu finden und mitten in der Arbeit festzustellen, dass er bestimmte Grundvoraussetzungen nicht erfüllt. Oft ist es dann für Änderungen zu spät, und es wird geflickt und gestückelt, damit der Raum funktioniert. Eine Klarheit und Kraft wird ein so bearbeiteter Raum kaum mehr haben.

Um einen funktionierenden Bühnenraum zu erarbeiten, ist das genaue Studium des Textes im Vorfeld unabdingbar. Die Situationen müssen geprüft und es muss zunächst erkannt sowie im nächsten Schritt entschieden werden, welche Aspekte der Handlung im Vordergrund stehen und welche im Hintergrund bleiben.

Oft ist der Rahmen der Inszenierung vorgegeben, man weiß also, für welchen Raum, für welche Ensemblegröße man ein Stück wählt. Es gibt Stücke, die in einem kleinen Raum ihre Kraft verlieren, und solche, die dort erst gewinnen. Das hängt nicht unbedingt von der Zahl der auftretenden Personen und der beschriebenen Schauplätze ab. Antike Dramen haben meist eine überschaubare Zahl an Figuren und füllen dennoch große Spielorte mit Leichtigkeit. Auch Thema und der angeschlagene Ton bestimmen also, in welchem Raum ein Stück gut angesiedelt ist.

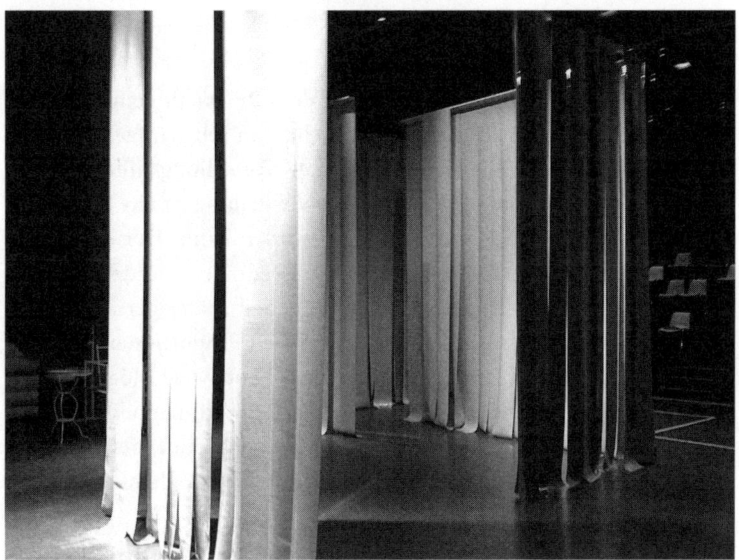

Erste Gespräche

Nach einer guten Vorbereitung können viele Entscheidungen mit dem Bühnenbildner zusammen getroffen werden. Zum Beispiel, ob es Auftritte oder Szenen gibt, die auf besondere Weise präsentiert werden sollen, ob eventuelle Szenenwechsel einen bestimmten Charakter haben sollen. Umbaupausen können den Rhythmus eines Abends stark bestimmen. Und selbstverständlich sollte die gewählte Ästhetik Gegenstand eines vorbereitenden Gesprächs sein. Schon die Wahl des Bühnenbildners ist eine Entscheidung für eine bestimmte Ästhetik. Für die Zusammenarbeit mit den Ausstattern – sowohl den Bühnen- als auch den Kostümbildnern, die für die Ästhetik des Abends verantwortlich sein werden – ist es von großem Vorteil für den Regisseur, sich selbst mit ästhetischen Erzählsystemen auszukennen. Die meisten erfolgreichen Regisseure arbeiten über lange Zeit mit festen Ausstattungspartnern. Viele ästhetische Fragen sind nach mehrmaliger Zusammenarbeit geklärt.

Modell

Üblicherweise stellt der Bühnenbildner dem Regisseur seine Idee mit einem Modell vor. Ein Bühnenbildmodell kann sehr einfach gehalten sein, es kann eine kleine dreidimensionale Vorstellungshilfe aus Pappe und Papier sein. Gerade für die erste Vorstellung ist das Modell oft noch einfach, weil noch viel verändert werden kann. Der endgültige Entwurf wird üblicherweise wesentlich aufwendiger und detailreicher hergestellt. Auch die Theaterwerkstätten haben später gerne ein Modell vor Augen, an dem sie während der Arbeit Proportionen und Farben genau erkennen können. Auch wenn es heute viele Möglichkeiten gibt, Räume im Computer zu simulieren, ist ein Bühnenbild in einem dreidimensionalen Modell für viele immer noch einfacher in seiner Wirkung zu beurteilen. Natürlich können beide Möglichkeiten auch verbunden werden.

Ganz praktisch gesehen, kann es für einen Regisseur nicht schaden, einen Grundriss lesen und sich Proportionen auch in einem Modell vorstellen zu können. Man sollte die Möglichkeiten und auch Schwierigkeiten des Vorschlags für die Inszenierung erkennen können. Schwierigkeiten sind dabei keineswegs nur negativ: Ein Raum, der nicht einfach nur die Notwendigkeiten erfüllt, sondern einem eine Reibungsfläche bietet, fordert die Fantasie heraus und kann ungeheuer viel kreative Energie freisetzen.

Es gibt jedoch auch Stücke, die wenig Spielräume für ästhetische Entscheidungen lassen: viele Komödien beispielsweise. Für ihre Inszenierung werden ganz präzise Dinge vom Bühnenraum verlangt, um die Handlung stattfinden zu lassen: eine bestimmte Anzahl Türen zum Beispiel. Deshalb ist es nötig, dass der Regisseur einen Raumentwurf in seiner Konsequenz für die Arbeit beurteilen kann.

Historie

In der Antike bestand das Bühnenbild aus der sogenannten *Skene* (aus diesem Wort leitet sich auch das Wort »Szene« ab). Die *Skene* bestand aus einem zweigeschossigen Gebäude im Hintergrund des Bühnenhalbrunds der Amphitheater. Die *Skene* hatte drei Türen für die Auftritte ebenerdig und drei auf der oberen Plattform, die für die Götterfiguren gedacht waren.

Ähnlich sah auch noch die Bühne in Shakespeares Globe Theatre aus. Hier wurde der erste Stock zwar schon für nicht-göttliche Szenen benutzt (zum Beispiel die berühmte Balkonszene in ROMEO UND JULIA) und es gab auch eine Falltür im Bühnenboden, aber im Prinzip funktionieren Shakespeares Stücke wie die antiken Dramen auf leerer Bühne.

Ästhetik

Die Ästhetik eines Theaterabends – auch über das Bühnenbild im engeren Sinn hinaus – baut den ersten Kontakt zum Publikum auf. Unsere Zeit ist von visuellen Zeichen geprägt. So bleibt auch der Bildeindruck einer Aufführung vielen Zuschauern stärker im Gedächtnis als der Text.

Der Bildeindruck setzt sich aus vielen Momenten eines Theaterabends zusammen: aus szenischen Setzungen, aus Bewegung und natürlich der Raumästhetik. Ein kraftvoller Raum allein kann im ersten Moment verblüffend sein, aber im Verlauf der Handlung mehr und mehr langweilen oder gar stören, wenn er nicht mit der Handlung korrespondiert. Ein starkes Bild, das sich nach kurzer Zeit verbraucht, wird genauso unbefriedigend bleiben wie eine ungenaue bildliche Lösung. Ein guter Bühnenraum sollte eine Handlung präzise präsentieren und verstärken können. Das verlangt gute Zusammenarbeit zwischen Regisseur und Bühnenbildner. Ein Regisseur muss die Stärken eines Raums erkennen und nutzen können.

Bestimmt ist es für einen Regisseur nicht von Nachteil, sich mit Kunstgeschichte, Ästhetik und auch der aktuellen Kunstszene zu befassen. Natürlich ist Theater ein zeitgebundenes Medium und der Bezug zur aktuellen Kunst mag vorrangig erscheinen. Aber auch die aktuelle Kunstszene ist ohne die Tradition nicht denkbar und oft nur vor dem Hintergrund der Kunstgeschichte komplett begreifbar.

Die Bildende Kunst als Sehschule

Ein Regielehrer am Max Reinhardt Seminar sagte zu uns: »Wenn Sie etwas über Regie lernen wollen, gehen Sie ins Museum und sehen sich klassische Gemälde an!«

Für manche liegt dieser Gedanke vielleicht nicht auf der Hand. Aber ein Regisseur sollte in der Lage sein, Vorgänge zu verdichten und auch lernen, eine optische Wirkung zu erzielen. Dafür kann die Beschäftigung mit Meistern der Bildenden Kunst nicht von Schaden sein. Man kann ungeheuer viel über die Dynamik von Farben, die raumbildende Wirkung von Licht und die Kraft eines Arrangements im Raum lernen, über die Bedeutung von verschiedenen Personen im Raum, welche Positionen kraftvoll sind, welche schwach, dass eine diagonale Achse wirkungsvoll sein kann und eine gut platzierte Nebenhandlung den Raum mit Leben füllen kann. Auch die Kraft von Gesten und Haltungen kann man an Gemälden studieren.

Für diejenigen, denen diese Gedanken völlig fremd sind, folgen hier an einem Beispiel ein paar Hinweise. Ein Maler der sich sehr für eine Betrachtung unter theatralischem Aspekt eignet, ist Caravaggio. Die Kunst der damaligen Zeit beschäftigte sich neben Porträts gerne mit bekannten christlichen oder antiken Motiven. Auf ihre Weise erzählen einzelne Bilder – wie ein Theaterstück – eine ganze Geschichte. In der persönlichen Sichtweise, der Variation des Sujets, lag die Ausdrucksmöglichkeit des Künstlers – der Situation eines heutigen Regisseurs, der einen Klassiker inszeniert, nicht unähnlich. Zur Zeit Caravaggios war es üblich, die antiken oder biblischen Geschichten in eine gegenwärtige Kulisse zu stellen – vergleichbar einem Klassiker in heutigem Kostüm.

Caravaggio hat, wenn man den Berichten Glauben schenken darf, ein exzessives Leben gelebt und ist mehr als einmal mit der Justiz in Konflikt geraten. Oft haben für seine Bilder Prostituierte Modell gestanden. Die eigentümliche Diskrepanz zwischen bekannten Sujets und der körperlichen Präsenz der Modelle, die auch im Bild noch eine fast bedrohliche Realität spüren lassen, beherrscht die Bilder Caravaggios.

Bei dem Bild, das ich als Beispiel für eine kleine Betrachtung heranziehen möchte, fallen andere Aspekte ins Auge. Es handelt sich um eine Darstellung der Geschichte von Abraham und seinem Sohn Isaak. Das Gemälde ist vermutlich in den ersten Jahren des 17. Jahrhunderts entstanden. Zur gleichen Zeit war Shakespeare in England auf einem Höhepunkt seiner Schaffenskraft angelangt: Um diese Zeit entstanden die Stücke HAMLET und WAS IHR WOLLT.

Caravaggio gestaltet in seinem Bild die bekannte alttestamentarische Geschichte von Abraham, der von Gott den Auftrag erhält, mit seinem Sohn Isaak auf einen Berg zu steigen und ihn dort als Opfer darzubringen. Abraham schickt sich an, diesen Auftrag zu erfüllen, aber im letzten Moment schickt Gott einen Engel, der Abraham von seiner Tat abhält. Er zeigt ihm einen Widder, den er anstelle des Sohnes opfern soll. Aber Abraham hat in den Augen Gottes seinen festen Glauben bewiesen.

Das Bild Caravaggios zeigt den dramatischen Moment kurz vor der geplanten Opferung. Es sind zu sehen: Abraham, Isaak, der Engel und der Widder.

Die mächtige Gestalt Abrahams nimmt den meisten Raum des Bildes ein. Mit der linken Hand drückt er den Kopf seines Sohnes fest auf den Opferstein, in der rechten hält er das Messer, bereit zum tödlichen Schnitt. Im dargestellten Moment hält er inne und wendet seinen Kopf dem Engel zu, der von links in das Bild ragt. Abraham ist sichtlich irritiert. Der Engel hält ihn mit seiner Rechten von der Tötung des Sohnes ab und zeigt mit seiner Linken auf den Widder. Der Engel ist im Profil zu sehen. Er wirkt von der Dramatik der Szene ungerührt. Nur sein Oberkörper ist zu sehen, aber man hat den merkwürdigen Eindruck, er sei schwerelos. Denn die Statik stimmt nicht. Obwohl seine Flügel nur im Ansatz zu erkennen sind, meint man, ihn schweben zu sehen. Der Widder am unteren rechten Bildrand ist wie der Engel nur teilweise zu sehen. Er betrachtet die Szene neugierig, aber kann offensichtlich weder die dramatische Handlung begreifen noch die schrecklichen Konsequenzen für ihn selbst. Seine Harmlosigkeit verstärkt noch die Dramatik des zentralen Geschehens.

Seine große Sogwirkung erhält das Bild aber durch die Darstellung des Isaak. Er nimmt nicht viel Raum ein in diesem Bild, aber seine Panik beherrscht die ganze Szene. Offensichtlich begreift Isaak in diesem Moment, dass sein Vater ihn töten wird, und er schreit vor Entsetzen und Angst. Und in diesem Schrei wendet er sich dem Betrachter zu. Er blickt hilfesuchend dem Betrachter direkt in die Augen.

Allein über diesen Kunstgriff Caravaggios lässt sich viel sagen. Für den Betrachter ist die Entdeckung von Isaaks Blick ein Schock. Er wird unerwartet einbezogen in die Situation, denn er wird aufgerufen zu

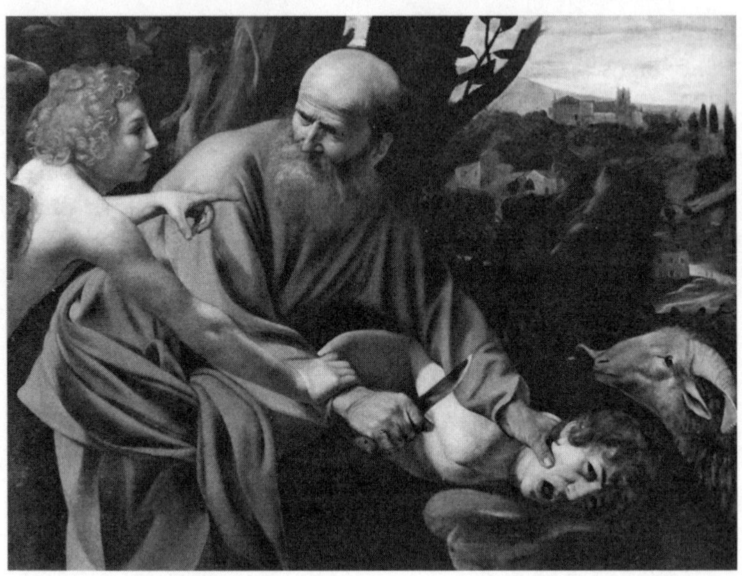

handeln, zu helfen. Man überblickt zwar als Zuschauer die Szene und weiß, dass die Hilfe bereits da ist, aber man fühlt die Dringlichkeit dieser Aufforderung. In der Theaterterminologie ausgedrückt ist der Blick Isaaks ein klares Durchbrechen der »vierten Wand«. Der Zuschauer wird direkt angesprochen und zu einer Haltung gezwungen.

Es gibt eine offensichtliche Haupthandlung des Bildes: Der Engel hält Abraham von seiner Tat ab. Aber der Bildaufbau macht ein Nebenthema zum Zentrum: Isaaks panischen Schrecken. Und dieser Bildaufbau folgt einer Reihe von Gesetzen, die von Caravaggio brillant eingesetzt werden. Die Hauptachse des Bildes ist eine abfallende Diagonale. Achsen sind Linien, die den Blick des Betrachters führen. Durch die Lesegewohnheit in unserem Kulturkreis ist eine von links unten nach rechts oben führende Diagonale »ansteigend« und üblicherweise öffnend und positiv belegt. Die von links oben nach rechts unten führende Diagonale nennt man »abfallend«. Sie hat eine abschließende und negative Wirkung. Dies sind Gesetze, die man üblicherweise intuitiv beachtet, die man sich als Regisseur aber durchaus bewusst machen sollte.

Auffallend auch der wirkungsvolle Einsatz des Requisits: Es gibt nur ein Requisit, das Messer, das jedoch von großer Bedeutung für die Handlung ist. Es wird von Caravaggio durch zwei dramatische Effekte betont. Zum einen liegt der größte Helldunkelkontrast genau an dieser Stelle, zum anderen erreicht Caravaggio einen starken Effekt durch die abfallende Diagonale, die mit der gegenläufigen Diagonale des Messers geradezu durchschnitten wird. Für die Theaterarbeit ist bemerkenswert, wie ein Künstler so sparsam wie möglich mit Requisiten umgeht, das verwendete Requisit aber dafür zur größtmöglichen Wirkung bringt.

Die Wirkung dieses Messers wird durch ein weiteres Bildgesetz verstärkt: durch den sogenannten Goldenen Schnitt. Mit ihm wird ein Teilungs- und Kompositionsprinzip bezeichnet, das seit der Antike als besonders harmonisch erkannt ist. Dieses Verhältnis von zwei Längen oder Flächen zueinander wurde in der Natur entdeckt. In der Antike schon begann man, dieses Verhältnis zu berechnen und auch auf Architektur und Kunst anzuwenden. Speziell die Maler der Renaissance waren sehr fasziniert von diesem Prinzip und strukturierten gerne ihre Bilder nach diesem Modell. Für das Theater ist eine genaue Berechnung nicht notwendig, aber allemal interessant festzustellen, dass eine wirkungsvolle Raumaufteilung nicht nur der Intuition folgen muss, sondern erkannten und erprobten Prinzipien folgen kann.

In dem Bild Caravaggios lässt sich auch eine präzise dramatische Lichtführung beobachten. Das dramatischste Licht, die größten Kontraste konzentriert der Maler auf die Stelle, die sein Hauptanliegen trägt: den bleichen Körper Isaaks. Auch auf der Bühne setzt man das Licht unter theatralischen Gesichtspunkten ein. Kontraste sind dabei immer ein besonders wirkungsvolles Mittel.

Diese Betrachtungen sollen nur als Anregungen dienen, selbst Bilder auf diese gezielten Wirkungen hin zu überprüfen. Selbstverständlich finden sich viele dieser Aspekte auch in Filmen wieder. Selten wird man die Entdeckungen eins zu eins in einer Aufführung anwenden können, aber die Prinzipien, die dahinter stehen, sind auch auf der Bühne gültig.

Regie aus Sicht eines Bühnenbildners: Gespräch mit Martin Zehetgruber

Martin Zehetgruber, geboren 1961, studierte in Graz an der Hochschule für Musik und Darstellende Kunst Bühnenbild. Noch während des Studiums realisierte er erste Bühnenbilder sowie Arbeiten im Grenzbereich von Performance und Theater. Danach gründete er mit Martin Kušej die Produktionsgemeinschaft MY FRIEND MARTIN. Es folgten Arbeiten unter anderem am Staatstheater Stuttgart, Thalia Theater Hamburg, am Deutschen Schauspielhaus Hamburg, der Volksbühne Berlin, den Kammerspielen München, dem Residenztheater München und dem Burgtheater in Wien. Im Bereich der Oper arbeitete er bereits an internationalen Häusern in Paris, Barcelona, Brüssel, Amsterdam, Zürich, München, Berlin, Madrid sowie für die Salzburger Festspiele.

Zu den wichtigsten Arbeitspartnern unter den Regisseuren zählten und zählen Hans Kresnik, Stephan Kimmig, Jossi Wieler, Guy Joosten sowie – längerfristig – Andrea Breth und Martin Kušej, mit dem ihn seit Beginn eine enge Zusammenarbeit verbindet. Im Jahr 2001 erhielt Martin Zehetgruber die Berufung zum Professor des Fachbereichs Bühnenbild an der Staatlichen Akademie der Bildenden Künste Stuttgart und entwarf für die 2008 in Ludwigsburg neu gegründete Theaterakademie den Theaterturm.

Boris von Poser: Was braucht man als Ausstatter für den Beginn der Arbeit für Informationen vom Regisseur?

Martin Zehetgruber: Das Stück. Sonst nichts. Letztlich ist es mir umso lieber, je weniger Informationen ich bekomme, weil die Freiheit dann größer ist. Wenn ich das erste Mal mit einem Regisseur zusammenarbeite, gibt es natürlich ausführliche Gespräche, aber das ist bei mir eher so ein Abtasten, wo es hingehen könnte. Meistens kenne ich dann schon Arbeiten von demjenigen, also weiß schon, worauf man aufpassen muss, was geht, was nicht geht. Ich weiß, wie offen er für Experimente ist, ob er die Betonung eher auf die Sprache legt, wie radikal er mit dem Körper umgeht bzw. ob er da überhaupt Interesse hat. Das sind Grundinformationen, die hole ich mir aber vorher. Zum Beispiel bei Guy Joosten, mit dem ich SALOME in Barcelona gemacht habe und den ich vorher nicht kannte, da gab es einen Nachmittag lang ein Gespräch über das Stück im Allgemeinen. Aber auch nicht so, dass man sagen konnte, da sind jetzt die Schlüsselinformationen für das Konzept des Bühnenbilds dabei herausgekommen. Er hatte eine Arbeit von mir gesehen – auch SALOME – und da war ihm schon klar, wo es bei mir hingeht. Das Missbrauchsthema stand damals stark im Vordergrund. Und auf das haben auch wir uns dann geeinigt. Da war ein Vorlauf: Er hat sich informiert, bevor er mich angefragt hat.

Letztlich basiert alles auf Vertrauen zwischen Bühnenbildner und Regisseur. Nicht immer, aber oft bekomme ich nur einen Zuruf bei einem Essen oder einen Anruf, um welches Stück es geht, ob es mich interessiert und ein paar Eckdaten über die jeweiligen Termine.

Wenn ich dann die ersten Überlegungen und Entwürfe fertig habe, gibt es ein erstes kurzes Treffen. Auch das nicht immer und bei allen – teilweise werden die Bilder und Infos nur noch per E-Mail geschickt. Dabei wird der Regisseur über den Stand informiert und Konzeptionelles wird genauer erklärt – auch für mich, um festzustellen, ob der Regisseur mit dem Entwurf umgehen kann und um mögliche Fußfallen zu vermeiden. Manchmal braucht es dann noch ein Bild für eine speziell schwierige Szene oder Ähnliches. Aber ich kann mich nicht erinnern, dass einmal ein Vorschlag grundsätzlich verworfen wurde. Es gab zwar bisweilen Arbeiten, bei denen ich mir konzeptionell nicht absolut sicher war und deswegen, vor allem für mich, mehrere Varianten erarbeitet habe. Die Auswahl dieser Überlegungen werden dann von mir zur Diskussion gestellt. In diesem Rahmen bleibt es dann aber auch.

Vielleicht dazwischen eine kurze Bemerkung, die aus meiner Lehrerfahrung kommt und sich an die Regiestudenten richtet: Bühnen- und vor allem Kostümbildner sind nicht im Dienstleistungsgewerbe angesiedelt!

Boris von Poser: Es gibt von Ihnen Bühnenbilder, die sind eine installative Setzung – wie bei WEIBSTEUFEL zum Beispiel. Das Bühnenbild dort bedient keinen konkreten Raum mehr, der im Stück beschrieben ist. Und manchmal gibt es Räume, wie in DON CARLOS, die schon ein Raumsystem aufmachen. Das ist doch wahrscheinlich nicht nur eine Entscheidung von Ihnen?

Martin Zehetgruber: Doch. Aber natürlich waren das beides Entscheidungen, die mit Blick auf den Regisseur entstanden sind. Beim WEIBSTEUFEL zum Beispiel ist das Problem das Milieuhafte. Und um eine Radikalität auch in der Spielweise und im Zugang zu finden, musste ich in die Installation gehen. Ich musste weg von einem konkreten Raum. Sonst hätte sich der Abend in kleinmütigem Naturalismus verloren.

Und um das Interessante an dem Stück, das vielleicht kein wirklich gutes ist, herauszuarbeiten, war die Methode die einer Überhöhung und Verdichtung eines atmosphärischen Elements, des Waldes, zu den installativen mächtigen Stämmen, auf denen es keinen Halt gibt. Dadurch wird der Ton des ganzen Stückes einfach größer. Kušej hat sich – nach erstem Zögern – darauf eingelassen. Es gab dann schon bei den Proben noch Fragen, wie zum Beispiel nach dem Tisch. Ich habe ihm gesagt: »Tisch gibt's da keinen, damit musst du jetzt umgehen.«

Boris von Poser: Martin Kušej hat nun eine andere szenische Fantasie als Andrea Breth, mit der Sie gerade arbeiten, die wiederum eine andere als Jossi Wieler und eine andere als Stephan Kimmig oder Johann Kresnik – alles Regisseure, mit denen Sie oft gearbeitet haben. Wieweit lehnt man seinen Stil schon im Vorfeld an verschiedene Regisseure an? Oder entsteht das dann durch die Zusammenarbeit?

Martin Zehetgruber: Ich versuche eher, die Grenzen bei den Regisseuren auszuloten. Es macht keinen Sinn, Andrea Breth ein Bühnenbild wie das für WEIBSTEUFEL zu geben, weil sie es nicht nehmen würde. Aber es ist nicht ein Anlehnen an den Stil des Regisseurs. Den Stil von Kušej zum Beispiel haben wir ja gemeinsam entwickelt. Das ist eine Form, die wir über die Jahre hin ausprobiert haben, bzw. wir haben ja durchaus mehrere Richtungen ausprobiert. Ich bin kein Freund von dem Wort »Stil« in diesem Zusammenhang. Stil langweilt mich und das ist nicht eitel gemeint. Er ist doch letztlich bloß ein Vehikel für den Markt und fürs Feuilleton, die Begrenzung, die man sich dadurch auferlegt, macht mich nervös. Und warum sollte man den Schubladisierungswahn unterstützen, indem man noch den Schlüssel zum Zusperren dazuliefert?

Boris von Poser: Ihre Räume unterscheiden sich auch sehr. Die LULU in Frankfurt mit Stephan Kimmig hatte wieder eine ganz andere Art von Raum …

Martin Zehetgruber: Schön, dass Sie das sagen. LULU ist übrigens ein gutes Beispiel auch für ein katastrophales Scheitern, wenn man nicht bis zum Tag der Premiere konsequent »Kill your Darlings« betreibt. Der Raum war weiß und gleißend hell und stellte die Darsteller in extremer, fast pornografischer Härte aus. Bis dahin blieb alles lesbar. Die Dummheit begann dann leider mit meinem Versuch, noch ein großes Schlussbild zu entwickeln. Ist mir leider gründlich misslungen und wir haben keine Möglichkeit gefunden, das zu korrigieren. Die Fehlleistung war in den Endproben absehbar und wir alle, aus unterschiedlichsten Beweggründen oder Skrupeln, haben nichts unternommen. Es wurde dann in der zweiten Aufführungsstaffel rausgeworfen, aber da war es schon zu spät.

Es ist immer ein spannender Versuch, sozusagen ein Objekt von seinen Verkrustungen zu befreien und eine neue Sichtweise zu ermöglichen. Um zu erklären, was ich damit meine, vielleicht ein Beispiel: die Rose. Als Bild ist sie mit derart vielen Sedimenten von Emotionen, Klischees, und Bildern bedeckt, dass es nicht mehr möglich ist, sie »an sich« wahrzunehmen. Spannend wäre jetzt, einen Weg zu finden, sie wieder so darzustellen, dass sich beim Betrachter eine ursprüngliche Unbefangenheit einstellt. Das ist für mich, im übertragenen Sinn, auch zum Teil eine der Aufgaben von Theater im Umgang mit »alten« Texten.

Um jetzt aber wieder auf Ihre ursprüngliche Frage zurückzukommen: Ich versuche Wiederholungen so weit wie möglich zu vermeiden, weil ich immer davon ausgehe, dass das Stück das Interessante ist und ich nicht dem Stück etwas aufzwingen sollte, nur um meine Handschrift sichtbar zu machen.

Boris von Poser: Der Entwurf hat also mit dem zu tun, was das Stück mit Ihnen macht, und mit der Geschichte, die Sie mit dem Regisseur haben? Entwickelt sich daraus eine gemeinsame Ästhetik?

Martin Zehetgruber: Eine aufs Stück bezogene, ja.

Boris von Poser: Entwickelt sie sich mit der Zeit automatisch?

Martin Zehetgruber: Wahrscheinlich. Schon die Stückauswahl, die ein Regisseur trifft, ist entscheidend. Die impliziert meistens auch schon ein Verhalten dem Stoff gegenüber. Der CARLOS zum Beispiel war für Breth vollkommen untypisch. Das Bühnenbild war ein Bürogebäude mit Leuchtstoffröhren. Das war für sie deshalb untypisch, weil dieses Labyrinth eines Großraumbüros so unpoetisch war, auch die Lichtführung. Die eigentlich positive Konnotation von Transparenz, die der ursprünglichen Architektur zugrunde liegt, wurde in die der Überwachung verkehrt.

Letztlich frage ich mich immer, was ein bestimmter Regisseur in dem jeweiligen Raum leisten kann. Durch die Erfahrung mit einem Regisseur kann man natürlich die Grenzen immer weiter ausloten.

Bei der Grundkonzeption der Oper Rusalka in München gab es von mir einen einzigen Anruf bei Regisseur Martin Kušej, ob er denn mit Kindesmissbrauch oder genauer mit den Fällen Fritzl und Dutroux etwas anfangen kann – worauf er meinte, auch schon in eine ähnliche Richtung überlegt zu haben. Dieser Fall einer frühen Kohärenz der Überlegungen ist aber eher die Ausnahme, oft gibt es nur die Aussage – passt doch.

Boris von Poser: Gab es schon den Fall, dass man ein und dasselbe Stück mit verschiedenen Regisseuren völlig anders gemacht hat?

Martin Zehetgruber: Das war Salome. Sonst versuche ich die Sachen nicht mehrfach zu machen. Wenn ich mehr Oper mache, wird das wahrscheinlich öfter vorkommen. Aber im Großen und Ganzen schaue ich, dass ich möglichst immer andere Stücke mache, weil mich die Wiederholung nicht wirklich interessiert. Bei der Salome war es allerdings nicht ganz unspannend, weil da mehr als zehn Jahre dazwischen lagen. Da hat man dann wieder einen neuen Blick darauf.

Jetzt gibt es den Plan, Der Prinz von Homburg wieder zu machen, den habe ich 1994 mit Kušej in Hamburg gemacht. Jetzt plane ich das Stück mit Andrea Breth in Salzburg. Da bin ich gespannt. Ich habe noch nicht angefangen darüber nachzudenken, aber uninteressant ist das nicht, weil es damals eine Setzung war und da muss man schauen, was heute relevant und interessant ist.

Boris von Poser: Oft sind Ihre Bühnenbilder starke Setzungen, die Inszenierung entsteht – gerade in Arbeiten mit Kušej – oft durch die Reibung mit dieser starken Vorgabe. Kann und will man ein Bild während der Probenarbeit noch ändern?

Martin Zehetgruber: Ich mache zwar eine Setzung, aber spiele im Kopf das ganze Stück natürlich durch: nicht wirklich im Sinne einer Inszenierung, aber die Schlüsselszenen sind im Kopf. Und wenn ich von mir aus merke, dass es Probleme geben könnte, mache ich im Vorfeld schon eine Veränderung. Aber nicht mehr während der Proben. Da gab es auch noch nie die Frage danach.

Es gab natürlich schon Situationen, wo ein Regisseur sagte, ich brauche in dem Raum noch ein Bild, da fällt mir nichts ein, oder oft sind die Schlussszenen problematisch, weil sie zentral für die Aussage sind. Dann überlegt man gemeinsam, was man machen kann, aber das bezieht sich auf das Inszenatorische, und nicht auf den Raum. Ein neues

Bild im Raum vielleicht. Der Raum selbst wird nicht verändert. Diese Räume sind auch meistens für vieles offen. Sie sind zwar eine Setzung, aber quasi wie eine Matrix, in die man einzelne Bilder hineinsetzen kann. Die kann man dann auch variieren.

Manche Regisseure sind da im Vorfeld schon sehr genau. Mit Andrea Breth gehe ich mehrere Tage lang das Stück Szene für Szene durch. Wir stellen es teilweise mit Figuren nach und fotografieren das dann. Das ist dann die Grobvorlage, mit der sie später arbeitet. Für mich ist diese gemeinsame Vorgehensweise eindeutig spannender, als alleine zu arbeiten. Und es schränkt keineswegs die Spontaneität der späteren Probenarbeit ein. Das Szenario dient nur als grobes Gerüst, das jederzeit verworfen werden kann, aber als Notiz eines ursprünglichen Gedankens abrufbar bleibt.

Bei einer Opernarbeit wie WOZZECK mit Andrea Breth in Berlin gibt es dann ein paar Sachen, die rausfliegen. Und mir ist recht, dass sie rausfliegen, weil sie nur Hilfsmittel waren, um sich mit der Raumsituation anzufreunden. Beim »Ausputzen« bin ich immer sehr offen. Ein Möbelstück kommt erst mal rein und wenn es später nicht gebraucht wird, dann schmeißen wir es raus. Solche Veränderungen passieren laufend. Manche Regisseure fangen sehr vorsichtig, tastend an. Gerade in diesen Fällen kann man die Hilfsmittel später rausschmeißen. Je klarer am Ende das Bild ist, desto besser.

Der Raum schafft oft nicht nur eine poetische, »klimatische« Vorgabe, sondern beeinflusst richtiggehend die physische und psychische Befindlichkeit und dadurch auch die Spielweise des Darstellers. Wie einfach oder schwierig ist das Gelände auf einer Bühne zu bespielen? Sind die Treppen überhoch oder die Türen viel zu niedrig? Muss der Schauspieler mit Erde und Regen umgehen oder ist er immer in Gefahr abzustürzen, wie zum Beispiel bei den verkeilten Baumstämmen im WEIBSTEUFEL? Das Bühnenbild hilft, Befindlichkeiten der Figuren zu veräußern und fordert eine spezielle Art des Inszenierens ein.

Ähnlich war es auch bei GEIERWALLY in Stuttgart, bei der diese Einflussnahme auf das Spielverhalten der Darsteller durch den Raum eine klare Vorgabe machte: In GEIERWALLY wurde das Hochgebirgspanorama ins Urbane verlegt. Der Raum war eine Ruine, ähnlich dem Regierungsgebäude in Oklahoma City, nachdem es 1995 von einem Bombenanschlag eines rechtsradikalen Amerikaners zerstört wurde.

Boris von Poser: Wie sieht denn in der Probe eine konstruktive Zusammenarbeit zwischen Ausstattung und Regie aus? Zeigt man in der Probe extremere Nutzungsmöglichkeiten des Raums auf?

Martin Zehetgruber: Man überlegt das natürlich vorher. Das ist ein wesentlicher Punkt. Der Widerstand, den die Bühne bietet, soll inszenatorisch nutzbar gemacht werden und nicht den Schauspielern oder Sängern das Leben schwer machen. Was die Probenbetreuung betrifft, sind bei den Regisseuren die unterschiedlichsten Vorlieben anzutreffen: »Der Heimliche« zieht sich mit seinem Dramaturgen nach den Proben ins stille Kämmerlein zurück, »der Autist« schottet sich mit Extra-Stellwänden bei den Proben ab, um ungestört zu bleiben, »der Berserker« arbeitet und trinkt die Nächte in einer Großgruppe durch und entwickelt dabei die Proben des nächsten Tages, bei denen es in gleicher Qualität weitergeht, »der Macher« organisiert neben der – trotzdem konzentrierten – Arbeit den Rest der Welt, »die Sensible« hasst offene Türen und Gespräche zwischen Dramaturgen und Bühnenbildnern bei Proben, liebt jedoch generelle, aber stille Anwesenheit aller. Daraus lässt sich in etwa ablesen, wie unterschiedlich und auf jeden Fall unterhaltsam die Zusammenarbeit bei Proben ausschauen kann: von Totalverweigerung bis zur Dauerpräsenz mit möglichen Gesundheitsschäden.

Boris von Poser: Wäre Ihr Ideal ständige Probenanwesenheit?

Martin Zehetgruber: Ja, deswegen mache ich ja Theater. Außerhalb der Proben ist der Job ein sehr einsamer. Zu zweit, das Modell und ich – das ist schon auf die Dauer anstrengend. Mir fallen auf den Proben auch schon wieder ganz viele Sachen für das nächste Stück ein. Viele Sachen laufen parallel und da kann man dann sehen, was funktioniert oder was möglicherweise jetzt der Raum in diesem Fall nicht leistet, aber woanders funktionieren könnte. Das ist von mir also aus reinem Eigennutz erwünscht und ich weiß auch, dass manchmal ein ästhetisches Korrektiv bei den Proben nicht schlecht ist.

Boris von Poser: Wann macht Martin Zehetgruber sowohl Bühne und Kostüme für eine Produktion? Was sind die Vorteile, Bühne und Kostüme zusammen zu machen? Was sind die Vorteile, die Bereiche zu trennen?

Martin Zehetgruber: Nur einmal, während der Studienzeit, habe ich selbst Kostüme gemacht. Das war ein Horror. Da gabs keine Kostümwerkstätten und es war mir zu anstrengend, zwanzig Mal mit jemandem in einen Laden zu gehen und was auszusuchen. Es braucht einen hohen Grad an Verführungskunst, um gerade diesen Bereich auszufüllen. Ein Regisseur muss das natürlich auch leisten, er ist aber in der Position, etwas durchzusetzen. Der Kostümbildner hat das grundsätzliche Problem, dass er zwischen zwei Fronten steht, oder sogar zwischen drei: dem Schauspieler oder Sänger, dem Regisseur und, wenn es ganz schlecht kommt, auch noch dem Bühnenbildner, der sich mit einmischt.

Und wenn ein Darsteller grade ein Problem mit seiner Rolle hat, wird oft über den Umweg Kostüm argumentiert. Das ist schon eine sehr anstrengende Arbeit. Ich habe höchsten Respekt vor den Personen, die das machen, und versuche sie auch immer so weit wie möglich zu unterstützen. Die Psychologie, die man für Kostümbild braucht, ist auch nicht gerade mein Hauptfach.

Der Vorteil, beides zu machen, ist natürlich klar. Man hat eine einheitliche Ästhetik, aber das schafft man auch anders. Ich arbeite meistens sehr eng mit den Kostümbildnern zusammen. In manchen Fällen sind Kostümbildner enger am Bühnenbildner während einer Arbeit, und manchmal, wie bei Andrea Breth, arbeiten sie mehr mit dem Regisseur allein.

Boris von Poser: Unterscheidet sich die Bildfindung bei Schauspiel und Oper?

Martin Zehetgruber: Jein. Wenn man es ganz pragmatisch betrachtet, ja. Aber natürlich ist oft das Spannende, in der Oper Sachen so zu machen wie fürs Schauspiel oder umgekehrt. Zunächst einmal sind die Opernhäuser in der Regel größer, was andere Möglichkeiten bietet. Auch der Etat für die Bühne ist meist etwas üppiger. Der wesentliche Unterschied aber ist die Verschachtelung der Ebenen: Die Oper ist in noch stärkerem Maße als das Schauspiel gegliedert, es kommt die Musik hinzu mit ihren festen zeitlichen Vorgaben. Aber es ist nicht nur das: Es sind die physische Präsenz des Orchesters mit der Pultbeleuchtung, das Kollektiv des Chores und die ganz bestimmte Aura und Künstlichkeit des Sängers, der eben nicht spricht, sondern singt. Das Artifizielle kann man unterlaufen oder ausstellen, da gibt es schon in den Grundentscheidungen ein viel weiteres Spektrum als im Schauspiel.

Boris von Poser: Die Beurteilung von außen setzt sehr oft, sowohl von Seiten der Presse als auch von Seiten des Publikums, an der Ästhetik eines Abends an. Die Vision wird meistens dem Regisseur zugeschrieben.

Martin Zehetgruber: Bei dem lächerlichen Skandal um die Häutung des Rehs in RUSALKA in München hat Kušej als Regisseur teilweise zu Unrecht die geballte Volkswut abbekommen, da das Ganze auf einer Bildidee von mir basiert und ich auf einem einzelnen echten Reh bestanden habe. Der Gedanke ist dann inszenatorisch und im Raum weitergeführt worden. Nachdem Rusalka beim Prinzen ist, kippt eine Wand und gibt das dahinter liegende Kühlhaus frei, in dem Rusalka in einer alptraumartigen Vision die Gesellschaft mit den geschossenen und gehäuteten Rehen tanzen sieht. Der Prinz ist auf der Jagd, als er auf Rusalka stößt und das Reh bzw. Rusalka ist seine Beute, an der sich später – im übertragenen Sinn – auch die ganze Festgesellschaft vergeht. Beginnend mit eben der Häutung des Rehs durch den »Koch«, der das Tier für das Fest vorbereitet. Ein an sich trivialer, durch Text und Spiel aber hoch aufgeladener Vorgang.

Boris von Poser: Ist diese Außenwahrnehmung ein Schutzraum für den Ausstatter?

Martin Zehetgruber: Sicher. Ich liebe diesen Schutzraum. Ich genieße das sehr, da kann ich gar nichts anderes dazu sagen.

Boris von Poser: Viele Bühnenbildner haben irgendwann angefangen, selbst zu inszenieren. Ist das als Sehnsucht immer irgendwo da?

Martin Zehetgruber: Da spielt auch die Eitelkeit eine große Rolle. Manche Bühnenbildner fangen an zu inszenieren, weil sie ihre Bilder nicht realisiert sehen. Aber ich muss ehrlich sagen, ich lass mich immer wieder gern überraschen davon, dass Sachen, die man sich vorgestellt hat, auch stattfinden. Teilweise auch nicht, teilweise schlechter, meistens besser, muss ich dazu sagen. Und ich habe, was das Inszenieren angeht, einen Heidenrespekt vor Schauspielern und Sängern. Ich könnte das nicht. Hut ab vor jedem Regisseur, der die Fähigkeit hat, mit diesen komplexen und komplizierten »Psychococktails« umzugehen und alle zu einem gemeinsamen Ergebnis zu führen. Es gibt für mich jedoch nichts Spannenderes am Theater, als genau diesen Prozess zu beobachten.

Zwei Sachen fallen mir bei den meisten Regisseuren auf, mit denen ich arbeite. Eher zu vernachlässigen ist die erste: Es entsteht eine zunehmende Beratungsresistenz bei näherrückenden Endproben. Verständlich, liebenswert, aber manchmal auch verwunderlich, denn letztendlich ist das Theater in seiner zweieinhalbtausendjährigen Ausformung einer der wenigen Orte einer realen und nicht virtuellen Interaktion vieler Menschen auf Augenhöhe. Die zweite und wahrscheinlich die entscheidende Gemeinsamkeit, die diese Regisseure teilen: Sie sind allesamt grandiose Verführer. Ob das lehr- bzw. lernbar ist, bleibt fraglich.

Das Gespräch fand im April 2011 in Berlin statt.

Zusammenarbeit mit dem Kostümbildner

Das Kostümbild ist ein oft stark unterschätzter Bereich am Theater. Das hängt stark damit zusammen, dass die wenigsten Menschen die Arbeit beurteilen können, die mit dem Kostüm verbunden ist.

Der Kostümbildner hat in den meisten Fällen weniger Möglichkeiten als der Bühnenbildner, die Gesamtästhetik einer Produktion zu beeinflussen. Im besten Fall ist die Arbeit am Kostüm sehr komplex und eng mit der Regie verbunden und verlangt großes psychologisches Feingefühl nicht nur im Entwurf, sondern auch im Umgang mit den Schauspielern. Schauspieler verbinden ihr Kostüm stark mit ihrer Rollenfindung. Häufig werden Probleme des Darstellers mit seiner Rolle über das Kostüm ausgetragen. In diesen Fällen sind die psychologischen Qualitäten der Kostümbildner mindestens so entscheidend wie die gestalterischen. Ein guter Kostümbildner kann beim Beobachten einer Probe dem Schauspieler durch gezielte Kleidungsvorschläge helfen, seinen Figurengestus weiterzuentwickeln und zu verstärken. Er kann durch Material und Farbe der Darstellung des Schauspielers den entscheidenden Kick verleihen. Auf der anderen Seite wird ein Darsteller, der mit seinem Kostüm unglücklich ist, nie eine gute Darstellung zeigen.

Bei einem großen klassischen Stück (auch in der Oper) ist der Vorgang üblicherweise so, dass der Kostümbildner konzeptionelle Gespräche gemeinsam mit Regisseur und Bühnenbildner führt, für jede Figur Kostüme entwirft, davon Zeichnungen erstellt, diese Figurinen mit dem Regisseur bespricht und die Entwürfe dann von den Kostümwerkstätten realisieren lässt. In der Realität sieht der Beruf (und entsprechend auch die Zusammenarbeit mit dem Regisseur) allerdings meistens anders aus. In der Regel einigt man sich auf eine Richtung – das bedeutet, man entscheidet gemeinsam, ob man historisch oder zeitgenössisch arbeiten will, ob man eher angedeutet oder im Detail genau arbeiten will, ob man sich den Abend opulent oder eher schlicht denkt. Dann sichtet der Kostümbildner möglicherweise den Fundus, sucht alles eventuell Geeignete heraus, klärt mit der Werkstatt, welche Kostümteile geändert, welche unbedingt neu angefertigt werden müssen und geht einen Teil davon einkaufen.

Die Arbeit aus dem Fundus ist nicht mehr sehr verbreitet. Das hängt im Wesentlichen damit zusammen, dass von jeder neuen Inszenie-

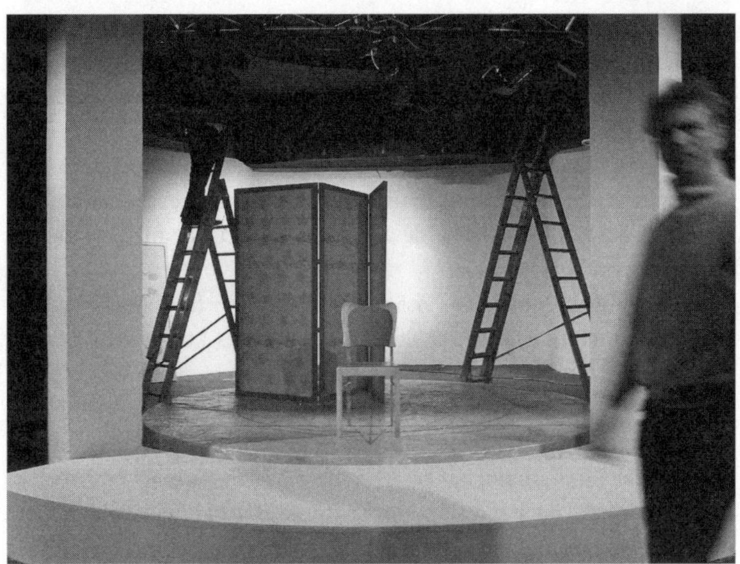

rung eine eigene und aktuelle Ästhetik erwartet wird. Infolgedessen ist an vielen Theatern der Fundus ganz oder teilweise aufgelöst worden. Wenn man dennoch für bestimmte Kostüme auf ihn zurückgreifen will und es an dem entsprechenden Theater keinen Fundus mehr gibt oder in dem vorhandenen keine für das Stück brauchbaren Kostüme, dann kommt es auch vor, dass der Kostümbildner von anderen Theatern Kostüme leiht.

Manchmal entstehen die Kostümideen auch erst im Verlauf der Proben. Der Kostümbildner bringt verschiedene Vorschläge mit, die in der Szene ausprobiert werden.

Maske

Zum Kostümbild gehört auch der Bereich Maske. Der Kostümbildner arbeitet dafür mit dem Maskenbildner. Der ist verantwortlich für Schminke und Haare. Wie geschminkt wird, hängt stark von der Spielform ab. Ob der Eindruck einfach nur natürlich sein soll oder ob eine große Stilisierung durch die Schminke angestrebt ist, wird im Zusammenhang mit der Gesamtästhetik, aber in jedem Fall zusammen mit dem Kostüm entschieden.

Abgesehen von diesen grundsätzlichen Entscheidungen wird das Ausmaß der Maske in den Endproben ausprobiert, weil erst im Zusammenspiel von Bühne, Kostüm und Licht klar wird, was an dieser Stelle nötig ist.

Anders ist es mit den Haaren. Frisuren können auch noch spät ausprobiert werden, aber wenn man Perücken für notwendig hält, sollte man sich früh dafür entscheiden, denn eine Perücke anzufertigen ist aufwendig und dauert Zeit.

Ein wichtiger Punkt der Zusammenarbeit zwischen Regisseur und Kostümbildner ist die Entscheidung, ab wann es konstruktiv ist, die Kostüme zur Probe bereitzustellen. Es gibt verschiedene Möglichkeiten. Es kann gut sein, ein spezielles Kostüm sehr früh auf der Probe zu haben. Um zum Beispiel eine bestimmte Bewegungsform zu finden oder hilfreiche dramaturgische Akzente möglich zu machen. Aber es kann manchmal auch gut sein, die Kostüme erst zu einem späten Zeitpunkt zu bekommen. Eine gut geprobte Arbeit, die vielleicht in Gefahr ist, in Routine zu verfallen, kann so noch einmal frischen Schwung bekommen.

An großen, gut ausgestatteten Theatern mit reichem Fundus kann es sogar möglich sein, Proben – auch kurzfristig – zum Beispiel komplett in historischen Kostümen abzuhalten. So etwas kann natürlich die Fantasie und Spiellaune der Schauspieler enorm beflügeln.

Der Kostümbildner sollte also am besten die ganze Zeit auf der Probe anwesend sein und auch viel Zeit darauf verwenden, durch verschiedene Theater und Läden zu laufen, um die geeigneten Kostüme aufzutreiben. Dass das nicht leistbar ist, wird jeder begreifen. Als Regisseur sollte man sich diese Realität vor Augen führen, bevor man Forderungen stellt. Im Laufe der Zeit wird ein Regisseur herausfinden, welche Qualität eines Kostümbildners ihm am wichtigsten ist. Und er sollte ihn darin unterstützen, sich in seiner Arbeit auf diesen Bereich zu konzentrieren.

Mehr als bei anderen Bereichen spielt beim Kostümbild die Größe des Hauses eine Rolle. An großen Häusern steht dem Kostümbildner ein Stab qualifizierter Mitarbeiter zur Seite. An einem kleineren Haus kann der Kostümbildner durchaus ganz auf sich alleine gestellt sein. Wenn ein Regisseur die ständige Probenanwesenheit des Kostümbildners wünscht, muss er deshalb wissen, ob der Betrieb das überhaupt zulässt.

Regie aus Sicht einer Kostümbildnerin: Gespräch mit Florence von Gerkan

Florence von Gerkan, gebürtige Hamburgerin, studierte Kostümbild in Berlin an der Universität der Künste. Eine Assistenz am Thalia Theater führte sie 1988 zurück nach Hamburg. Dort entstanden ihre ersten selbständigen Kostümarbeiten mit Shakespeares KING LEAR, Tschechows ONKEL WANJA und Ibsens WILDENTE in der Regie von Jürgen Flimm und in den Bühnenbildern von Erich Wonder. Andrea Breth engagierte sie an die Schaubühne Berlin für Ibsens HEDDA GABLER und Tschechows MÖWE. Mit Kostümbildern im Musiktheater führte sie die Zusammenarbeit mit Jürgen Flimm und Erich Wonder fort, unter anderem bei der Neuinszenierung von Wagners DER RING DES NIBELUNGEN im Jahr 2000 im Festspielhaus Bayreuth unter der Leitung von Giuseppe Sinopoli. An der Mailänder Scala entwarf sie Kostüme für Bergs WOZZECK, auch unter der musikalischen Leitung von Giuseppe Sinopoli. Mit Cesare Lievi und Erich Wonder wirkte sie am Opernhaus Zürich an der Uraufführung von Herbert Willis SCHLAFES BRUDER mit. Hier traf sie auch den Schweizer Filmregisseur Daniel Schmid, mit dem sie bei verschiedenen Opernprojekten zusammenarbeitete. Eine langjährige Zusammenarbeit verbindet sie mit dem Komponisten und Regisseur Heiner Goebbels. Seit 2003 leitet Florence von Gerkan den Studiengang für Kostümbild an der Universität der Künste in Berlin.

Boris von Poser: Welche Informationen brauchen Sie vom Regisseur, um mit der Arbeit an einem Stück beginnen zu können?

Florence von Gerkan: Da muss man unterscheiden zwischen jemandem, dem man neu begegnet, und jemandem, mit dem man schon mal gearbeitet hat, weil man bei einer häufigen Zusammenarbeit über die Zeit ein gemeinsames Vokabular entwickelt und Erfahrungen teilt. Wenn ich jemandem neu begegne, ist es mir wichtig, so etwas wie Bilderwelten auszutauschen. Es geht mir darum zu erspüren, was der Regisseur für Bilder sieht oder sucht. Denn dafür bin ich nachher auch mitverantwortlich.

Boris von Poser: Ist der Bühnenbildner bei einem ersten Gespräch dabei?

Florence von Gerkan: Im besten Fall ist das so. Oft gibt es noch kein Modell. Das ist etwas, was ich sehr schätze: wenn man so früh zusammenkommt, dass es eine Erstbegegnung für alle drei ist. Später gibt es noch mehr Mitarbeiter, aber das Kernteam sind Regisseur und Bühnen- und Kostümbildner.

Wie die weitere Arbeit aussieht, hängt natürlich sehr davon ab, wer da zusammentrifft. Meist gibt es eine Grundidee, eine Lesart des Regisseurs, die man über mehrere gemeinsame Termine miteinander bespricht und die dann angereichert wird durch Dinge, die ich hinzufüge. Für mich beginnt nach den ersten gemeinsamen theoretischen Vorarbeiten eine große Recherche. Ich sammle Bücher, Bilder, Kopien, und dieses Bildmaterial wandert dann auch mit zu den Besprechungen. Zu dem Zeitpunkt kann es auch schon die ersten Figurenideen geben, aber zunächst geht es um etwas Atmosphärisches. Das muss sich noch gar nicht auf Figuren beziehen. Ich habe es auch ganz gern, wenn man zunächst nicht festlegt, ob historisch oder zeitgenössisch gearbeitet wird.

Bevor die Figuren entstehen, muss auch die Raumidee da sein. Es sind ganz wichtige Informationen für mich, ob es sich um eine abstrakte Welt oder eine Abbildung einer konkreten Realität handelt, um zu sehen, mit was für Figuren man da hineingehen kann. Man muss dann entscheiden, ob man sie direkt in Bezug zu diesem Ort setzt oder sie etwas Fremdes darin sein sollen.

Dazu muss ich wissen, wer die Darsteller sind. Zumindest durch Fotografien. Das ist bei Schauspiel und Oper gleich. Ich muss mir vorstellen können, wer diese Figuren verkörpert.

Mit diesen Informationen fange ich an, mit dem Regisseur darüber nachzudenken, was man mit den einzelnen Figuren erzählen will. Dabei arbeite ich auch viel mit dokumentarischem Material, Zeitschriften, Porträtfotografie – die Bibel der Kostümbildner sind natürlich die Fotografien von August Sander, wenn man sich mit dieser speziellen Epoche befasst. Malerei kann aber auch sehr wichtig sein. Die Ergebnisse dieser Arbeit werden wieder abgeglichen mit dem Bühnenbild.

Dann entstehen die ersten Skizzen. Mir ist es ganz wichtig, mit den Ideen auf das Papier zu gehen, ob ich jetzt direkt oder über Fotos zeichne. Ich entwickle meine Gedanken beim Zeichnen und kann dabei viel für mich klären. Da gibt es auch immer die ersten Blockaden und die ersten Krisen. Man kann sich alles schnell ausdenken im Team, aber wenn es konkret wird, brauche ich die Auseinandersetzung mit mir selbst. Und die läuft über das Zeichnen.

Wenn man in den Probenprozess einsteigt, muss man dem Regisseur und den Darstellern vermitteln können, welche Figurenwelt man vorschlägt. Das sage ich bewusst so vorsichtig. Die sogenannte Figurine ist für mich immer nur ein Vorschlag, eine Skizze. Sie ist natürlich wichtig für die Werkstatt, die eventuell etwas Konkretes anfertigen oder umarbeiten muss. Aber es gibt für mich nichts Fertiges. Die Figurine ist zunächst nur wichtig, um zu kommunizieren, um Dinge vorzuschlagen, vielleicht herauszufordern und zu provozieren, auch dem Darsteller gegenüber. Sie ist so etwas wie ein Leitfaden, wird aber im Verlauf des Probenprozesses immer wieder korrigiert oder überarbeitet.

Man weiß zu Probenbeginn noch nicht, in welche Richtung man genau steuert, weil so viele Faktoren zusammenkommen. Es entsteht ein kollektives Denken an einem Stück und da passieren in den Wochen oder Monaten sehr viele Dinge.

Boris von Poser: Bei vielen Produktionen werden Bühne und Kostüm von einem einzigen Menschen entworfen.

Florence von Gerkan: Ich habe auch schon Bühnenbilder gemacht. Aber mir fehlt dann jemand, mit dem ich mich austauschen kann. Für mich ist der Dialog mit dem Bühnenbildner eine Bereicherung. Der Bühnenbildner Erich Wonder hat immer zu mir gesagt: »Du malst mir immer in meinen Raum hinein.« Denn die Figuren sind wie Pinselstriche in einem Raumgemälde.

Boris von Poser: Was ist denn für Sie ein besonders konstruktiver Ablauf der Zusammenarbeit bei den Proben?

Florence von Gerkan: Mit dem Komponisten und Regisseur Heiner Goebbels gibt es so etwas wie eine ritualisierte Zusammenarbeit, bei der nicht der Regisseur sagt, wie alles zu laufen hat. Er bereichert sich im Gegenteil gerne an den Fantasien und Gedanken der Mitarbeiter. Wir fangen auch da in kleinerem Kreis an: also mit Bühnenbildner, Kostümbildner und einem dramaturgischen Mitarbeiter. In diesem Kernteam ist jeder aufgefordert, zu einem Stück zunächst mal ganz eigene Ideen mitzubringen. Deswegen sind die Proben in zwei Phasen unterteilt. Auch Robert Wilson arbeitet, glaube ich, so, mit *stage A* und *stage B*. Für die erste Probenphase zeichne ich viel, habe Bilder dabei, aber ich habe auch konkrete Kleider ausgesucht.

In der aktuellen Produktion gibt es zum Beispiel einen Mädchenchor, vierzig Mädchen aus Maribor. Wir haben für die erste Phase fünf Tage Zeit. Da bringt Heiner Musikfragmente mit, der Bühnenbildner überlegt sich ein bestimmtes Setting und ich stelle verschiedene Möglichkeiten an Kleidern zur Verfügung, mit denen man konkret etwas ausprobieren kann. Ich überlege mir: Will ich für diese Mädchen Sommerkleider? Will ich Regenmäntel? Oder will ich verschiedene Atmosphären erzeugen? Aus finanziellen und organisatorischen Gründen werde ich den Chor vielleicht vorher benachrichtigen, damit sie für die Proben bestimmte eigene Sachen mitbringen. Ich gehe mit viel konkretem Material in diese Probenprozesse. Am liebsten würde ich das in jeder Arbeit so machen.

Boris von Poser: Diese Stücke von Heiner Goebbels sind ganz spezielle Gesamtkunstwerke aus Bild und Musik. Gelingt dieses Zusammenwachsen durch die gemeinsame Arbeitsphase auf der Probe oder durch die Vorarbeit?

Florence von Gerkan: Durch beides. Wir sitzen bestimmt drei-, viermal vor Probenbeginn zusammen und brüten und es gibt ein Modell und ich mache kleine Figuren. Aber bei den Proben kommt es dann zu einem wirklich gemeinschaftlichen Arbeiten. Jeder von uns ist aufgefordert, etwas mitzubringen, wovon der andere noch gar nicht weiß. Wir sitzen in den Proben zusammen und erleben etwas, was uns neu inspiriert. Und dann zeichne ich oder fotografiere. Wir sammeln an diesen Tagen gemeinsame Eindrücke und die werden dann in der nächsten Probenphase konkreter gefasst.

Boris von Poser: Was für eine Zeit liegt zwischen diesen Phasen?

Florence von Gerkan: Im besten Falle etwa ein halbes Jahr. Heiner komponiert in dieser Zeit, er strukturiert und arbeitet mit den Fotos und anderen festgehaltenen Ergebnissen der ersten Phase. Und ich habe sehen können, dass zum Beispiel diese blauen Kleider mit den Streifen genau richtig waren. Das kann ich festhalten, lasse möglicherweise in der Zwischenzeit etwas anfertigen und vorbereiten als Material für die zweite Phase, die auf die Premiere zuführt.

Der Vorteil dieser Arbeitsweise ist, dass man in der zweiten Phase schon mit entschiedenerem Material arbeiten kann. Es kann aber durchaus vorkommen, dass wir auch dann noch wie wild neue Dinge erfinden.

Boris von Poser: Speziell in der Oper gibt es meistens andere Zeitabläufe, die einen zwingen, sich lange vor den Proben auf Kostüme festzulegen, die man anfertigen möchte.

Florence von Gerkan: Da habe ich für mich einen Trick entwickelt. Ich arbeite sehr gerne mit vorhandenen Kleidern, mit gekauften oder welchen aus dem Fundus. Ich mag »gelebte« Kostüme. Aber natürlich gibt es auch Konzeptionen, bei denen man die Kleider erfindet und dann anfertigen muss. Es ist schwierig, das zu verallgemeinern.

In Baden-Baden habe ich in diesem Jahr am Festspielhaus mit dem Regisseur Philipp Himmelmann und dem Bühnenbildner Johannes Leiacker im Rahmen einer Mozart-Trilogie an COSI FAN TUTTE gearbeitet. Da war für mich die Frage, wie ich damit umgehe, dass man letztendlich vorproduzieren muss und dann nur eine relativ knappe Probenzeit hat. Die Oper spielte hier in einem Paradiesambiente unter einem Apfelbaum in der Erde. In dieser Konzeption war es möglich, eine Art Modulkostüm zu erfinden, das aus verschiedenen Teilen bestand, die ich im Vorfeld sammeln konnte. Das war zeitgenössische helle Kleidung. Diese Kleider ergänzten sich dann durch historische Fragmente aus dem Rokoko. Diese Teile habe ich anfertigen lassen. Das hat sich dann im Laufe dieses Stückes verwoben – die zeitgenössische Kleidung mit den angefertigten Rokokosachen.

So könnte ich überhaupt meine Art zu arbeiten beschreiben. Ich versuche, mich im Vorfeld mit Material auszustatten, das es schon gibt, mit Gekauftem und Vorhandenem, und das dann in den Probenprozess einzubringen. Damit kann dann gleich auf der Probe gearbeitet werden. Es gab in diesem Fall eine ganze Probenausstattung, für die wir Rokokoteile aus anderen Theatern geliehen haben, die funktional waren und nur als Ersatz dienen sollten. Dadurch aber konnten die Sänger konkret erfahren, was mit den Kostümen möglich ist, mit Hose, Hemd und Justaucorps. Und ich hatte die Zeit, die endgültigen Rokokosachen in einer Werkstatt in Düsseldorf ganz in Ruhe anfertigen zu lassen, im letzten Moment anzuprobieren und auf die Bühne zu bringen.

Boris von Poser: Das ist auch wichtig: Wann ist der ideale Zeitpunkt, die Originalkostüme auf die Probe zu geben?

Florence von Gerkan: Das ist ein sensibler Punkt. Nach einigen Jahren Erfahrung kann ich sagen: Wenn man anfertigen lässt, muss man sehr früh adäquate Probenkleider einbringen, die den Originalen entsprechen. Es kann passieren, dass ein Probenteil bleibt, weil die Dinge manchmal von Darstellern so gelebt werden, dass man sie nicht mehr wegnehmen sollte. Ich liebe das auch, wenn so etwas passiert. Natürlich kann es sein, dass es dann schade ist, dass das Material oder die Farbe nicht den ursprünglichen Plänen entsprechen. Wenn ich so etwas bemerke und es auf jeden Fall anders will, tausche ich das Teil vielleicht relativ früh noch aus und lasse schneller etwas anfertigen.

Eigentlich sollten die Kostüme vom ersten Tag an da sein. Es kann zwar erfrischend sein, am Schluss noch ein neues Kostüm auf die Bühne zu bringen. Vor allem im Schauspiel, aber auch in der Oper, kann es für einen Darsteller sehr inspirierend sein, im letzten Moment noch etwas Besonderes zu bekommen. Aber im Grunde versucht der Darsteller, sich relativ früh in eine Figur hineinzuleben, also braucht er auch die Hülle. Das macht ja etwas mit einem, ob man Jeans und Turnschuhe oder einen Anzug anhat. Es ist aber auch de Frage, ob die Regie das befördert, dass ein Darsteller mit Kostüm arbeitet.

Boris von Poser: Peter Zadek hat manchmal, speziell bei Shakespeare-Inszenierungen, für eine Probe historische Kostüme bereitstellen lassen, um eine bestimmte Stimmung und Spiellaune zu erzeugen …

Florence von Gerkan: Das ist ein wunderbares Beispiel dafür, wie eng Kostüm und Regie zusammenarbeiten. Vielleicht ist das Luxus, aber ich verstehe das gut. Kostüme sind in der Arbeit auch Mittel einer Sprachfindung – der Körpersprache.

Boris von Poser: Da kommen wir auch zum psychologischen Aspekt der Arbeit eines Kostümbildners. Er kann Hilfe sowohl für die Figurenfindung als auch bei der Betreuung der Schauspieler leisten.

Florence von Gerkan: Absolut. Das ist auch der Teil, der von theaterfremden Menschen oft nicht wahrgenommen werden kann. Viele stellen sich vor, der Kostümbildner würde nur mit Textilien und Knöpfen arbeiten. Aber dass es um Menschen und um Körper geht, das wird gar nicht gesehen. Und es fängt bei einem selbst schon an. Wenn man eine Anprobe hat, steht man mit dem Schauspieler vor dem Spiegel und sieht sich auch selbst. Man ist sehr intensiv beteiligt. Das ist manchem nicht bewusst. Bei meinen Studenten bemerke ich zu Beginn des Studiums oft eine Scheu, sich selbst zu reflektieren. Aber erst dann weiß man, was man mit den Darstellern macht, was man ihnen zumutet und von ihnen verlangt. Und das Finden einer Figur ist für den Kostümbildner natürlich eine extrem enge Zusammenarbeit mit dem Darsteller. Deswegen meine ich auch, dass die Figurine oder Skizze nur ein Vorschlag sein kann, der verhandelt werden muss.

Boris von Poser: Es ist doch für einen Kostümbildner durch die verschiedenen parallelen Arbeitsvorgänge oft schwer, immer auf den Proben zu sitzen.

Florence von Gerkan: Das stimmt. Für mich ist ganz wichtig, einen guten Assistenten zu haben, und zwar nicht nur als Hilfe für Einkäufe. Es ist auch eine Art Partnerschaft, wenn es um künstlerische Fragen geht. Ein guter Assistent ist gleichzeitig auch mein Stellvertreter. Da muss man dann entscheiden: Bin ich auf den Proben oder der Assistent?

Bei manchen Regisseuren, wie zum Beispiel Andrea Breth, muss man immer bei den Proben anwesend sein und die Arbeitsprozesse direkt mitbetreuen. Aber es gibt auch Regisseure, bei denen es nicht ganz so extrem ist, da kann es sogar gut sein, Regisseur und Schauspieler probieren zu lassen und dann wiederzukommen und zu sehen, was inzwischen passiert ist. Man muss nicht immer allen Prozessen beiwohnen. Ich habe natürlich auch meine spezielle Sichtweise und Haltung, und es kann für eine Probe sinnvoll sein, wenn nicht so viele verschiedene Positionen im Raum sind.

Boris von Poser: Im Bereich Schauspiel werden im Bereich Kostüm in den letzten Jahren die Möglichkeiten immer weniger ausgeschöpft. Ist das eine Frage des Zeitgeistes oder der Einsparungen an den Betrieben?

Florence von Gerkan: Es hat erst einmal mit Zeitgeist zu tun und wird sich bestimmt auch wieder wandeln, aber die Einsparungen haben auch ihren Teil daran. Wenn man nur eine bestimmte Summe für jede Figur zur Verfügung hat, ist oft die einzige Möglichkeit, Kleider einzukaufen. Wenn man sich überlegt, was allein Schuhe kosten, Perücken gehören auch oft dazu.

Ich persönlich finde oft schade, dass das Potenzial der Werkstätten zu wenig ausgeschöpft wird. Man kann auch aus einem Grundstock an Kostümen, die man gekauft oder getrödelt hat, in der Werkstatt noch viel mehr machen. Zurzeit existieren sehr leise, zeitgenössische Kleidersprachen auf der Bühne, aber es kann auch wieder etwas Wilderes und Lauteres entstehen.

Boris von Poser: Ein berühmter Kostüm- und Bühnenbildner bestand bei allen Personen auf der Bühne auf Perücken – auch wenn die Frisur mit den Haaren des Schauspielers durchaus machbar gewesen wäre. Haben Sie besondere Vorlieben im Bereich Maske?

Florence von Gerkan: Bei mir ist es eher das Gegenteil. Ich finde es wichtig, dass die Person durchscheint, der Mensch, der die Rolle verkörpert. Aber vielleicht ist das auch der momentane Zeitgeist. Ich mag auch, wenn Rolle und Darsteller verschmelzen. Ich finde es eher schwierig, wenn jemand komplett verpackt wird. Und das geht mir so, wenn Perücke und möglicherweise noch viel Schminke zu einem Kostüm dazukommen. Dann habe ich das Gefühl, dass der Mensch dahinter nicht mehr durchdringt. Ich bin eher verhalten mit dem, was ich einer Darstellung hinzufüge, die aus Gesten und allem Möglichen besteht. Ich muss das nicht alles mit einer Vorstellung überdecken.

Das Kostüm fängt für mich beim Kopf an. Das Gesicht und die Mimik sind meine Inspiration. Das ist das Zentrum. Von ihm ausgehend denke ich das Kostüm. Früher hat man ganz anders gearbeitet, man hat geradezu das Gesicht weggedacht und ein Kostüm entwickelt. Für mich sind deswegen Umbesetzungen ein Horror, wenn ein Kostüm, das auf einen bestimmten Menschen hin gedacht ist, jemand anderem übergestülpt wird. Da bricht es mir fast das Herz.

Boris von Poser: Mit Jürgen Flimm verbindet Sie eine langjährige Zusammenarbeit durch sehr verschiedene Projekte – 1997 auch bei einem Film: Zwischen Rosen. Welche Qualitäten einer Kostümbildnerin sind beim Film genau gefragt?

Florence von Gerkan: Das ist der direkte, nahe Blick auf eine Person. Die Arbeit muss sehr viel genauer sein im Detail. Auch eine Figur, die nur einmal durchs Bild läuft, muss in diesem zweidimensionalen Medium lesbar sein. Das heißt, man muss sie sofort verstehen können. Im Theater hat man die Zeit, eine Figur kennenzulernen. Sie kann sich auch während des Theaterabends verändern.

Im Film muss man anders arbeiten. Da geht es um Momente. Wir haben die Arbeit für den Film in unserem Studiengang an der UdK inzwischen integriert, weil sich beide Arbeitsweisen sehr befruchten können, so verschieden sie auch sind. Teilweise sind sie sich auch näher gekommen, weil im Theater inzwischen oft auch filmischer gearbeitet wird.

Boris von Poser: Der Filmregisseur Daniel Schmid, mit dem Sie bei vielen Bühnenarbeiten zusammengearbeitet haben, war bekannt für seine starke Bildsprache. In seinen Filmen gab es immer wieder Bezüge zu theatralischen Opernformen. Einige seiner Opernaufführungen waren dann gleichzeitig auch Kommentare zur Operngeschichte. War das eine besondere Herausforderung für das Kostümbild?

Florence von Gerkan: Das war eigentlich ein Schwelgen. Daniel Schmid war so ein sinnlicher Mensch. Da hatte man als Kostümbildner einen tollen Partner. Da ging es tatsächlich um Bilderwelten, um das Zitieren von rauschhaften Bilderwelten. Mit ihm habe ich die meisten Bücher gewälzt. Das war ein Träumen in Bildern.

Er war ein Regisseur, der ganz stark das Kostüm mitgedacht hat. Das sieht man auch in seinen Filmen. Er hatte sehr konkrete Vorstellungen, ohne dass er sich zu autoritär verhalten hätte. Er brauchte den Kostümbildner, aber war maßgeblich beteiligt an dem Aussehen der Figuren. Er arbeitete sehr dicht an den Menschen und nahm auf, was sie mitbrachten. Und so hautnah musste man auch als Kostümbildner arbeiten.

Boris von Poser: Kann man in wenigen Sätzen sagen, wie der Beruf sich in den letzten Jahren verändert hat?

Florence von Gerkan: Die Arbeit des Kostümbildners hat insgesamt eine starke Entwicklung durchgemacht. Der Entwurf, die Figurine war früher ein fixierter Vorschlag, wie das Kostüm oder eine Figur auszusehen hatte. Inzwischen ist man beteiligt an einer flexibleren Konzept- und Probenarbeit. Man ist gewissermaßen ein Teil vom Hirn einer Produktion.

Das Gespräch fand im Mai 2011 in Berlin statt.

Zusammenarbeit mit den Schauspielern

> *»Orson Welles: Ich denke, man muss einen Schauspieler glauben machen, er sei besser als er ist. Das ist die größte Aufgabe des Regisseurs.*
> *Frage: Dem Schauspieler Selbstvertrauen geben?*
> *Orson Welles: Mehr als Selbstvertrauen. Arroganz. Er muss wirklich denken, er habe Größe, und dass er sich über das hinaus entwickele, was er sich zugetraut hat.«*
> zitiert nach: HIER SPRICHT ORSON WELLES

Die Arbeit mit den Schauspielern ist die zentrale Arbeit eines Regisseurs. Sie ist gleichzeitig auch der komplexeste Teil. Deshalb ist es für jeden werdenden Regisseur sinnvoll, sich genau damit auseinanderzusetzen, wie die Arbeit eines Schauspielers funktioniert.

Als ich noch in der Ausbildung war, sagte eine erfahrene Schauspielerin zu mir: »Zwingen Sie den Schauspielern nicht Ihre Sehnsucht auf, lassen Sie den Schauspielern ihre eigene Sehnsucht.« Dieser Satz hat mir sehr zu denken gegeben. Auf der einen Seite wird von einem Regisseur erwartet, dass er eine eigene Sichtweise, eine besondere Vision hat, auf der anderen Seite soll er aber die Sehnsucht der Schauspieler nicht beschädigen? Tatsächlich führt diese Frage genau zur zentralen und wesentlichen Problematik dieser Arbeitsbeziehung. Denn auch wenn eine Inszenierung geprägt sein sollte durch eine klare Linie des Regisseurs, ist doch der Schauspieler derjenige, der jeden Abend mit dem Zuschauer durch seine Arbeit kommuniziert. Er muss also in der Lage sein, den Geist der Arbeit jeden Abend aufs Neue herzustellen und auch dem Publikum gegenüber zu vertreten. Ihn in diese Lage zu bringen, ist Aufgabe des Regisseurs.

Die herkömmliche, naive Vorstellung, dass der Regisseur den Darstellern einfach nur sagt, was sie zu tun haben, hat mit der realen Theaterarbeit nichts zu tun. Die Schauspieler nur als ausführende Darsteller zu benutzen, ohne sie vom Sinn der Interpretation zu überzeugen, kann nur zu einem unlebendigen Ergebnis führen. Am konstruktivsten ist ein Arbeitsdialog, der den Schauspielern eine klare Richtung zeigt, aber ihnen die Freiheit lässt, sich auf ihre Weise dorthin zu bewegen. Sie sollten auf ihrem Weg vom Regisseur unterstützt werden, aber das Ergebnis aus sich heraus erreichen. Im Idealfall entzündet der Regisseur in der Arbeit durch seine Fantasie die der Schauspieler. Es ist eine Art Übertragungsakt.

Ich persönlich habe viel von diesem Thema verstanden, als ich Peter Zadek bei der Inszenierung von Tschechows IVANOV zusehen konnte. Zadek kannte sich so gut im Stück aus, dass er jedes Angebot der Schauspieler sofort in seiner Konsequenz für das übrige Stück begreifen konnte. »Es ist ein tolles Gefühl, wenn man so viel über das Stück weiß, daß einen außer den Schauspielern nichts mehr erstaunen kann.«[17]

Bei verschiedenen Gelegenheiten hat er selbst erzählt, wie bestimmte zufällige Probenangebote der Schauspieler zum Schluss eine Aufführung prägen konnten. Aber tatsächlich konnte ich beobachten, dass diese Angebote eben nicht zufällig waren, sondern ausgelöst durch die wache Intelligenz des zuschauenden Regisseurs Zadek. Der nahm die Angebote wahr, griff sie auf und schob mit wenigen Anregungen und Ermutigungen die Arbeit in eine immer vielschichtigere Richtung.

Wichtig ist der Begriff Arbeitsdialog: Ein lebendiger Dialog in der Arbeit ist nicht immer leicht zu schaffen, manchmal auch schwer aufrechtzuerhalten, sollte aber in jedem Fall das Ziel sein. Den vielen unterschiedlichen Arten zu inszenieren entsprechen auch verschiedene Arten, wie Schauspieler auf die jeweilige Arbeit mit dem Regisseur reagieren. Das hängt von Ausbildung, Erfahrung und Temperament ab. Man kann als Regisseur mit einem Ensemble konfrontiert sein, in dem jeder Schauspieler eine andere Arbeitsweise hat. Dann wird der Dialog sehr kompliziert. Andererseits kann die Unterschiedlichkeit auch sehr kreativ sein. Es muss nur gewährleistet sein, dass die Kommunikation erhalten bleibt.

Früher gab es viele Beispiele für einen despotischen Regiestil. Manche Regisseure waren bekannt dafür, Schauspieler zu »brechen«, um gute Leistungen aus ihnen herauszuholen. Ich persönlich halte den Erfolg dieser Methode für eine Legende. Mit Sicherheit sind viele große Schauspielleistungen eher trotz als wegen solcher Inszenierungsmethoden zustande gekommen. Inzwischen ist ein solcher Regiestil selten geworden. Aber auch in den Zeiten, als er verbreitet war, ist er sicher mehr ein Ergebnis von Machtinteresse und Machtmissbrauch als von sinnvoller Arbeitstaktik gewesen. Autorität und Führungsstärke sollte mit solchen Methoden nicht verwechselt werden. Letztendlich steht

17 Peter Zadek, Menschen Löwen Adler Rebhühner, Kiepenheuer & Witsch, 2003, S. 42.

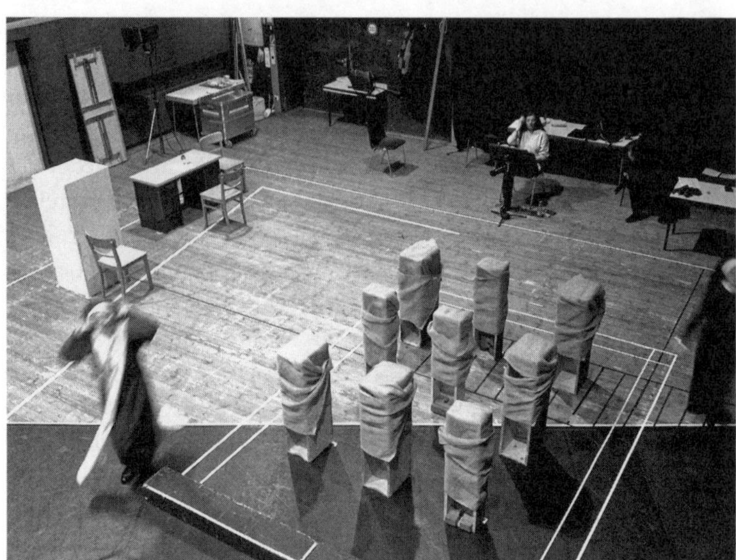

am Aufführungsabend der Schauspieler vor dem Publikum und präsentiert das Arbeitsergebnis. Er muss zur Premiere eine Souveränität in der Arbeit erreicht haben, die ihn dazu befähigt.

Ideal ist, eine Arbeitsweise zu entwickeln, die den Schauspielern ermöglicht, mit dem Verlauf der Proben in die Rollen und die Inszenierung hineinzuwachsen. Bei einer zu freien Arbeitsweise gibt es bei Schauspielern trotz des großen Wunsches nach dieser Freiheit auch Ängste: Versagensängste und eine Scheu vor Verantwortung. Andererseits lauten bei mir als Regisseur auch alle Alarmglocken, wenn mir ein Schauspieler auf der Probe sagt: »Sag mir ganz genau, was ich tun soll.« Denn ich weiß, dass alles falsch sein wird, wenn ich dieser Aufforderung Folge leiste. Die sinnvollste Tat für einen Regisseur wäre in diesem Moment, die Fantasie des Schauspielers wieder in Gang zu bringen.

Die Kreativität entsteht bei Schauspielern am ehesten in einem geschützten Raum: durch ein Gefühl der Sicherheit. In manchen Fällen wird der Schauspieler auch durch ein Gefühl der völligen Verunsicherung kreativ, gewissermaßen aus Verzweiflung. Der konstruktive Weg ist im Normalfall der erste. Eine Verunsicherung des Ensembles konstruktiv aufzufangen, braucht eine große konzeptionelle Kraft des Regisseurs. Meistens geht aber die Unsicherheit des Ensembles mit einer unsicheren Regie einher und die geglückten Zufallsprodukte, die daraus durchaus entstehen können, sind deshalb kein positiver Beleg für eine Methode …

Ein Regisseur, der mit schauspielerischer Arbeit noch unvertraut ist, erwartet oft in einer frühen Probe schon eine fertige Leistung von den Schauspielern. Dabei ist die besondere Qualität an der Arbeit im Theater, dass man den Luxus der Zeit hat – Zeit, Assoziationen zu folgen, Irrwege zu gehen, sich zu verlaufen und neue ungeahnte Wege zu entdecken.

Wenn man immer nur die gerade Straße läuft, wird man auch nur Übliches erreichen. Um in die Tiefe einer Figur einzudringen oder das Ungeheuerliche einer Handlung zu erfassen, muss man oft Dinge versuchen, die zunächst unbeholfen wirken. Wenn man sich in unbekanntes Gelände vorwagt, ist man schnell ungeschützt und gibt sich preis. Wenn hier ein Regisseur zu schnell die Wirkung bewertet, kann der Mut der Schauspieler verloren gehen. Beim nächsten Mal werden sie sich schützen und nicht mehr so viel wagen. Ein Regisseur sollte alle Versuche der Schauspieler mit großer Neugier betrachten.

Wer am Ende ein Ergebnis ansieht und meint, man hätte die gleiche Tiefe oder Intensität doch auch einfacher erreichen, direkter ansteuern können, der irrt sich. Das Ergebnis einer Arbeit ist immer auch die Summe aller Versuche.

Oft hat man heute mit Schauspielern zu tun, die viel vor der Kamera stehen. Sie sind durch die andere Arbeitsweise gewohnt, bei jeder Probe gleich eine filmbare Leistung zu liefern. Wenn diese Schauspieler nach längerer Zeit wieder ein Theaterstück probieren, muss man sie erst wieder dazu ermutigen, auf der Probe auch ungewöhnliche Wege zu gehen und Dinge zu wagen, die nicht sofort erfolgversprechend sind.

Gelernter Text

Früher gab es für Schauspieler die Regel, dass sie zur Probe mit gelerntem Text erscheinen sollten. Dagegen wird oft argumentiert, dass ein Schauspieler sich zwangsläufig mit dem Text auch eine Interpretation einprägt und dann möglicherweise nicht mehr offen auf Kollegen und Regie reagieren kann. Aber es gibt Texte oder Dialoge, die ihre Wirkung aus Rhythmus und einer gewissen Virtuosität der Textbehandlung beziehen. In diesen Fällen ist ein Proben ohne gelernten Text eine Qual. Oft beherrscht der Schauspieler den Text zumindest so gut, dass er die Situation und den Verlauf der Szene gut kennt. Damit wäre er notfalls in der Lage, die Szene in groben Zügen mit eigenen Worten spielen zu können.

Auch wenn ein Schauspieler den Text gut gelernt hat, wird ihm im Verlauf der Proben durch die neuen Einflüsse von außen der Text immer wieder entschwinden. Das ist normal. Dafür gibt es die Souffleuse, die den Probenverlauf begleitet und ein Gespür dafür haben muss, wann sie mit dem Text aushilft. Es gibt heute verschiedene technische Alternativen. Es ist heute machbar und wird von manchen Regisseuren gerne angewandt, den Text in einem Laufband für die Schauspieler sichtbar immer mitlaufen zu lassen. Manche Schauspieler schätzen das, weil die akustische Irritation durch die Souffleuse wegfällt.

Es gibt auch die Möglichkeit bei einer Aufführung den Text für den Zuschauer unhörbar dem Schauspieler per Funk zu senden. Aber das ist wirklich ein Mittel für den Notfall, denn der Schauspieler ist durch den eingeflüsterten Text von der realen Situation abgetrennt und entsprechend weniger empfänglich für Impulse. Natürlich kann man bei bestimmten performativen Theaterformen genau diesen Effekt wünschen.

Methoden

Für eine gute Arbeit mit Schauspielern ist es die beste Basis zu wissen, wie die wesentlichen schauspielerischen Methoden funktionieren. Natürlich ist ein Schauspieler auch darauf gefasst, vom Regisseur keine handwerklichen Hilfen zu bekommen, aber es erspart viel Zeit und Energie, wenn der Regisseur eine gewisse Ahnung davon hat.

Es gibt in der schauspielerischen Arbeit zwei grundsätzlich unterschiedliche Richtungen: Der erste Weg basiert darauf, dass man sich mit der Innenwelt der dargestellten Person auseinandersetzt und daraus die Außenform der Darstellung entwickelt, der zweite Weg geht von etwas Gestischem aus – von einer Form, einem Zeichen – und lässt eine Figur aus der Ansammlung solcher »äußerlichen« Momente entstehen. Nicht zuletzt durch die Allgegenwart von Film und Fernsehen hat die erste Methode mehr und mehr Raum eingenommen. Eine Methode, deren Schulen alle letztlich auf Konstantin Stanislawski zurückgehen, der sich als Erster systematisch um einen realistischen Ausdruck auf der Bühne bemüht hat.

Stanislawski entwickelte Techniken zur Entwicklung und Vertiefung der Rollenarbeit auf der Basis des »emotionalen Gedächtnisses« und schuf die theoretische Grundlage zu einer konstruktiven Ensemblearbeit. Seine Aufführungen mit dem Moskauer Künstlertheater und seine Bücher über Schauspieltechnik haben den vermutlich größten Einfluss auf die Entwicklung der westlichen Schauspieltechnik im letzten Jahrhundert gehabt. Die wichtigen amerikanischen Lehrer, wie Lee Strasberg, Michael Tschechow, Sanford Meisner und Stella Adler, haben seine Lehren weiterentwickelt bzw. adaptiert.

Aus dem Moskauer Künstlertheater stammt auch Wsewolod Meyerhold, der sich von der emotionalen Erarbeitung der Rolle abwandte und eine eigene Methode entwickelte, die darauf basierte, dass das Gefühl dem physischen Ausdruck folgt. Er ist dadurch zu dem Wegbereiter der zweiten Möglichkeit der Schauspieltechnik geworden. Seine Methode der »Biomechanik« wird auch heute noch erfolgreich angewandt.

Auch Meyerhold interessierte sich für eine pathosfreie Wirkung des Schauspielers, suchte aber nach einer rein physischen Technik, die zu einem überzeugenden emotionalen Ausdruck verhelfen sollte. (Gedanken in diese Richtung gibt es auch schon bei Stanislawski selbst, aber heute hat es sich eingebürgert, von der Stanislawski-Methode zu sprechen, wenn man den erstgenannten, »inneren« Weg meint.) Die konsequente Anwendung der Biomechanik nach Meyerhold verlangt ein körperliches Training, am besten vor jeder Probe.

Man kann in Meyerhold einen gedanklichen Vorläufer Bertolt Brechts und seiner »Verfremdungstechnik« sehen. Sie basiert auf der Vorgabe, dass der Schauspieler immer in einer gewissen Distanz zu seiner Rolle bleibt und deren Handlungen dem Zuschauer vorführt. Bei Brecht schließlich steht nicht mehr im Vordergrund, wie der Schauspieler zum Inneren der Figur vordringt, sondern wie er mit dem Publikum über die Figur kommuniziert.

In vielen anderen Kulturkreisen hat sich das Theater anders entwickelt als in Mitteleuropa. Zum Beispiel existieren im asiatischen Raum eine Reihe von Theaterformen, die ganz auf gestischen Zeichensystemen basieren. Insbesondere in den japanischen Theaterformen No und Kabuki arbeitet der Darsteller vor allem über die Geste. Die Bewegungen folgen hier streng festgelegten traditionellen Stilisierungen. So interessant die Beschäftigung mit diesen Formen ist, so schwierig ist es zugleich, sie für das europäische Theater nutzbar zu machen, das sich in eine ganz andere Richtung entwickelt hat.

Selbst die Commedia dell'Arte, rein räumlich uns durchaus näher, wird im deutschen Sprachraum kaum noch gepflegt. Die Commedia dell'Arte arbeitet auch über ein klares traditionelles Zeichensystem bei der Figurenzeichnung. Sie ist verwurzelt im italienischen Volkstheater und lebt von wiedererkennbaren Typen, die jeweils eine sehr spezielle Bewegungsform haben. Zu den schauspielerischen Mitteln der Commedia dell'Arte zählen auch Akrobatik und Maskenspiel. Diese Tradition ist bis heute im Bereich der Zirkusclowns spürbar.

Die Commedia hatte vom 16. bis zum 18. Jahrhundert einen großen Einfluss auf das europäische Theater. Obwohl sie einige wichtige Autoren wie Carlo Gozzi und Carlo Goldoni hervorgebracht hat, dient sie als Theaterform weniger dem Autor oder einem Text, sondern ist ganz auf die Schauspieler und das Ensemble ausgerichtet. Einige wichtige Autoren des italienischen und französischen Theaters sind beeinflusst von dieser Theaterform, von denen fast nur noch Molière mit seinen Stücken in den heutigen Spielplänen regelmäßig zu finden ist.

Die Beschäftigung mit diesen Methoden hilft einem Regisseur, die schauspielerische Arbeit besser zu verstehen. Auch für den eigenen Zugriff auf Texte kann der Regisseur Gewinn daraus ziehen. So sind in den Schriften Stanislawskis Methoden zur Textanalyse beschrieben, die die Handlungen in einem Text zu definieren helfen. Durch die Auseinandersetzung mit den Methoden, die sich hingegen mit der Physis befassen – mit der Biomechanik oder auch mit Formen des Maskenspiels – wird beim Regisseur das Bewusstsein für eine gestische Klarheit geschärft.

Regie aus Sicht einer Schauspielerin: Gespräch mit Doris Schade

Doris Schade lebte in ihrer Kindheit zeitweise in Moskau und Japan. Sie nahm noch während ihrer Schulzeit in Leipzig privaten Schauspielunterricht und hat in ihrer langen Karriere mit den bedeutendsten Regisseuren ihrer Zeit gearbeitet. Ihre wichtigste Arbeitsbegegnung war Fritz Kortner, bei dem sie Desdemona in OTHELLO, Lady Anne in RICHARD III und Rosetta in LEONCE UND LENA spielte. Später arbeitete sie mit Regisseuren wie Claus Peymann, Jürgen Flimm, Hans Hollmann, Dieter Dorn, Hans Lietzau, Thomas Langhoff, Volker Schlöndorff, Luc Bondy, Ernst Wendt, Peter Zadek, George Tabori, Christian Stückl und Franz Xaver Kroetz. Zu Beginn spielte sie in Leipzig, Bremen, Mannheim, Nürnberg und Frankfurt, später auch für eine Zeit am Hamburger Schauspielhaus, aber die längste Zeit ihres Theaterlebens war sie fest verbunden mit den Münchner Kammerspielen. Im Film hat sie außer Gastspielen beim Fernsehen wenig gespielt, ist aber in Rollen bei den Regisseuren Margarethe von Trotta (u.a. DIE BLEIERNE ZEIT, ROSA LUXEMBURG, ROSENSTRASSE) Caroline Link (JENSEITS DER STILLE) und Rainer Werner Fassbinder (DIE SEHNSUCHT DER VERONIKA VOSS) zu sehen gewesen. Ihre letzten Rollen an den Münchner Kammerspielen hatte sie bei Anselm Weber, Lars-Ole Walburg und Franz Wittenbrink.

Boris von Poser: Sie haben in einer Zeit, in der Regie noch nicht so bewertet wurde wie heute, mit sehr starken Regiepersönlichkeiten gearbeitet, wie z.B. Fritz Kortner, Hans Schweikart und Karl Heinz Stroux. Was hat diese Regisseure den anderen gegenüber ausgezeichnet?

Doris Schade: Es war auch damals so, dass man auf starke Regie aus war. Ich war immer interessiert daran, mit einem Regisseur zu arbeiten, von dem ich was Interessantes gesehen hatte. Autoritäre Regie, die sich nur selbst beweisen wollte, dass sie was Tolles war, ist mir gottlob erspart geblieben. Ich hatte das Glück, mit allen namhaften Regisseuren meiner Zeit zu arbeiten.

Zu Schweikart fällt mir ein Erlebnis ein. Wir probten von Edward Albee ALLES IM GARTEN mit Martin Benrath, einem Kollegen, den ich sehr geschätzt habe. Im ersten Akt sind nur die zwei Personen auf der Bühne. Wie das damals so üblich war, kamen wir mit vorgelerntem Text zur ersten Probe. Wir fingen also an und dachten, der Regisseur würde nach ein paar Minuten unterbrechen und anfangen, daran zu arbeiten. Aber das passierte nicht. Wir spielten und spielten. Wir hatten auch so viel Respekt vor dem Regisseur, der ja auch viel älter war als wir, dass wir nicht abbrachen. In späteren Jahren hätte ich wahrscheinlich selbst irgendwann abgebrochen und gesagt: »Jetzt sag du mal was. Was hast du gesehen.« Aber damals spielten wir den ganzen ersten Akt durch, so zwanzig, dreißig Minuten. Wir sahen die Bühne zum ersten Mal, sagten die Sätze zum ersten Mal und machten dabei Dinge, die wir ganz aus dem Unterbewusstsein holten. Und haben dabei sicher furchtbar übertrieben gespielt. Danach hat der Schweikart sich entschuldigt, dass er uns das zugemutet hat, und hat gesagt: »Ich habe meinen Assistenten fünf, sechs Punkte aufschreiben lassen, die waren genial, die hätte ich auch in drei Monaten probieren nicht herausgefunden. Ich hätte nie gedacht, dass Menschen sich so verhalten.«

Und dann hat er diese Punkte genommen – hat uns nicht verraten, welche das waren – und hat dann in den Proben Brücken zwischen ihnen gebaut. Irgendwann haben wir natürlich dann auch verstanden, um welche Punkte es ging. So ist der erste Akt entstanden.

Boris von Poser: Sie haben auch viel mit der Regiegeneration gearbeitet, die man heute im engeren Sinne mit dem Beginn des Regietheaters verbindet: Peter Zadek, Luc Bondy, George Tabori, auch mit Rainer Werner Fassbinder – war da ein verändertes Verhältnis von Regisseur zu Schauspieler zu spüren?

Doris Schade: Nein, das habe ich nicht erlebt. Jeder pflegte seinen eigenen Stil. Der Zugang, den er hatte, prägte jeweils die Arbeit. Der eine war ein fantasievoller, auf Leichtigkeit bedachter Regisseur, andere waren schwerblütiger. Jeder war anders.

Man hat unterschiedliche Sachen mitgenommen. Mein Mann Heinz Joachim Klein war der Erste, der mir die Hemmungen auf der Bühne genommen hat. Und er hat mir die ersten Grundlagen gegeben, dass ich mich überhaupt traute. Oder zum Beispiel Albert Fischel, in Kriegszeiten wurde der Regisseur. Er hatte einen guten Namen. Hatte, glaube ich, am Residenztheater in München gearbeitet und kam nach Nürnberg, wo ich damals engagiert war. Der hatte die Spezialität, auf Sprache zu achten. Das war ihm das Wichtigste: die Sprache, vor allen Dingen das Komma. Der war besessen davon, dass wir Kommata nicht verhudelten oder als Punkt sprachen. Damit der Satz eine Spannung behält, muss das Komma auch als Komma gesprochen werden. Heute wird das anders gemacht mit den Satzzeichen ... Aber das Bewusstsein darüber hat er mir eingehämmert. Das stammt bei mir von ihm. Er nahm den Autor beim Wort. Und Kortner ist für mich die ganze Schauspielkunst.

Boris von Poser: Was machte die Arbeit mit Kortner so speziell?

Doris Schade: Kortner hat mir durch die Physis die Psyche erklärt. Das habe ich kapiert, ohne dass man drüber sprach, das fand ich sehr schön. Als wir OTHELLO probierten, war die erste Szene, die mit mir geprobt wurde, ausgerechnet die letzte Szene. Ich musste vorne auf dem Bettrand sitzen und Othello stand hinter meinem Rücken und schaute mich an. Jeder andere Regisseur hätte ganz psychologisch gesagt: »Du fühlst seinen Blick, bekommst Angst und drehst dich erschrocken um.« Kortner aber sagte: »Jetzt richten Sie langsam Rückenwirbel für Rückenwirbel auf ... zunächst den ersten, das ist ein Steißwirbel, dann den zweiten ... Nicht den dritten! Erst den zweiten ... dann den dritten ...« Als ich dann ganz aufgerichtet war, sagte er: »Jetzt drehen Sie langsam die linke Schulter zurück, nicht die rechte, die folgt nur ...« So hat er mir ganz exakt den physischen Vorgang beschrieben und ich habe dadurch den psychischen Vorgang verstanden.

In RICHARD III. gibt es diese Verführungsszene am Sarg zwischen Lady Anne und Richard. Ich habe die Szene woanders schon fast wie eine Vergewaltigung inszeniert gesehen. Der Kortner hat aber den Romuald Pekny als Richard immer ganz zarte, begehrende Gesten machen lassen. Und ehe er mich streicheln konnte, habe ich als Lady Anne ihn immer ganz vorsichtig abgewehrt. Das muss ungeheuer spannend gewesen sein. Die Zuschauer fragten sich: »Lässt sie sich anfassen oder nicht?« Da kamen viele Zwischengefühle vor. Bei manchen Regisseuren kommen keine Zwischengefühle mehr vor. Das ist schade.

Diese Szene inszenierte er nun so toll, dass die Kollegen immer unten saßen und zuschauten, wenn wir die Szene probierten. Und dann – wir hatten viel Probenzeit – lag sie drei, vier Wochen, während etwas anderes probiert wurde. Als die Szene wieder dran war, passierte etwas Furchtbares. Da hatte Kortner eine Macke: Er hatte den Zauber, den die Szene nach den drei Wochen, in denen man sie jeden Tag probiert hatte, gleich wieder erwartetet. Und wir versuchten auch, das wieder an Land zu ziehen nach all den Wochen – den Zauber wieder herzustellen. Und wenn er uns gelassen hätte und uns einfach zwei-, dreimal hätte machen lassen, wäre er sicher wieder gekommen. Aber Kortner war so verzweifelt, dass er anfing, die Szene wieder neu zu inszenieren. Sie wurde nie wieder so gut wie vorher. Der Zauber war dann verschwunden.

Boris von Poser: Später war ein wichtiger Regisseur für Sie in vielen Inszenierungen Ernst Wendt.

Doris Schade: Ernst Wendt war ganz anders als Kortner, natürlich auch jünger. Er hat sehr wenig gesagt, ganz wenig, weil er Angst hatte, dass seine Worte nicht richtig verstanden würden. Schon beim Bühnenbild ist es doch so: Wenn man sagt, das möchte man grün, dann sieht jeder ein anderes Grün. Oder wenn man sagt: »Du musst temperamentvoller spielen!« Aber jeder hat ein anderes Gefühl von Temperament. Also hat er das möglichst vermieden. Vielleicht war das auch so, weil er sein Handwerk nicht richtig gelernt hatte, sondern von der Dramaturgie kam.

Er hat aber die Schauspieler dafür zu Einfällen animiert. So zum Beispiel bei OEDIPUS: In dem Moment, wenn Jokaste merkt, dass sie ihren Sohn geheiratet hat und mit ihm Kinder hat, hat sie einen Monolog. Ich hatte einen seidenen Unterrock an und eine rote Strickjacke drüber. Das war mein Kostüm. Da stand ich wie verdonnert. Ich habe gehorcht, was in mir passiert. Ich hatte mir nichts vorgenommen. Ich habe meine rote Jacke ausgezogen und verkehrt herum über die Beine wieder angezogen, so hatte ich einen blutigen Unterleib, dann bin ich still abgegangen. Das hat dem Wendt fantastisch gefallen. Andere Regisseure hätten gesagt: »Was soll denn das? Ist die verrückt geworden?« Aber ihm hat das sehr gefallen.

Einmal habe ich in München unter Jean Anouilh gespielt. Der war eigentlich Autor und kein Regisseur. Er machte VICTOR von Roger Vitrac, einem Freund von ihm. Ein schönes lustiges Stück, das ich sehr gemocht habe. Anouilh hat immer französisch gesprochen. Ich konnte nicht gut französisch, aber ich habe ihm nur in die Augen geschaut und wusste schon, was er wollte. Obwohl ich gar nicht die Worte verstanden hatte, die er gesagt hatte. Aber weil ich ihn so gut verstand, war er überzeugt, ich könne französisch und würde mich nur verstellen. Er sagte: »Madame Schade, vous êtes un spion!« Das war ein interessanter Fall von wortlosem Verständnis. Das ging nur über die Ausstrahlung. Der Wendt hat eben nicht viel gesagt, aber ich wusste immer, was er empfand. Er saß da, hat rumgedruckst oder sich unbeholfen ausgedrückt und ich wusste trotzdem, was er meinte.

Andere Regisseure verraten am Anfang gleich das Konzept, das sie haben. Das hat mich immer eingeschüchtert. Ich habe mir dann den Kopf zerbrochen und gedacht: »Ah, so stellt er sich das vor.« Und wollte das ja auch gut umsetzen. Mich hat das eher eingeengt. Das Veröffentlichen einer Konzeption kann da sehr gefährlich sein.

Der Wendt, da bin ich überzeugt, hatte sicher eine Konzeption, die er aber nie verraten hat. Er sprach immer von dem Endergebnis und meinte: »Das kommt zum Schluss. Der Stil des Ganzen stellt sich am Schluss ein.«

Boris von Poser: Ein Regisseur, der viel zugelassen hat, war George Tabori, mit dem Sie auch gearbeitet haben …

Doris Schade: George Tabori war sehr warmherzig. Bei ihm habe ich die Königin Hekuba in den TROERINNEN gespielt. Der hat mich bei Probenbeginn gefragt: »Wie wollen wir denn anfangen?« Der Tabori mich! Da habe ich gesagt: »Ich würde gern tanzen.« Weil ich immer getanzt habe, seit meiner Kindheit. Und er hat gesagt. »Das können wir machen.« Hat Platten bestellt und wir haben dann vor jeder Probe getanzt. Einfach um uns zu lockern. Die Kolleginnen haben wohl gedacht, dass sie wegen der Doris jetzt jeden Morgen tanzen müssten. Aber sie blieben freundlich und haben es nicht geäußert. Aber für mich war das wunderbar – ich konnte mich fallen lassen beim Tanzen. Die Arbeit mit Tabori lag mir gefühlsmäßig sehr.

Peter Zadek fand ich komplizierter. Ich war immer neugierig auf ihn, aber ich habe ihn oft nicht verstanden. Bei YERMA von Federico García Lorca habe ich die heidnische Alte gespielt. Wir haben viel rumprobiert. Und Zadek hat mich gefragt, ob ich einen Dialekt kann. Ich sagte: »Ich kann viele.« Er fragte, welchen ich am besten kann. Ich sagte sächsisch, weil ich in Leipzig acht Jahre gelebt hatte. Da hat er mich die Alte auf sächsisch spielen lassen. Und ich hatte dann immer im Hinterkopf: »Hoffentlich muss ich das später nicht auf sächsisch spielen.« Das war allerdings auch nicht so. Für mich war es eine Lockerungsübung und so war es vermutlich auch gemeint.

Boris von Poser: Gerade in den siebziger Jahren gab es viele Versuche, die gewohnten Hierarchien im Theater aufzubrechen – wie stark haben Sie das selbst erlebt?

Doris Schade: Ich hatte nicht das Bedürfnis, Hierarchien zu hinterfragen, weil ich keine unbegabten Regisseure erlebt habe. Das macht sehr viel aus. Ich habe immer bei Regisseuren gearbeitet, die ich respektiert habe. Ich weiß nur, dass es plötzlich üblich war, dass ein Dramaturg kam, auf der Probe saß und uns zuguckte. Viele Kollegen fanden das fürchterlich, sie meinten, dass das ein Eingriff in die Arbeit mit dem Regisseur darstellt. Ich war da nicht so empfindlich. Besonders die älteren Kollegen mochten diese Vermischung von Intellekt und Kunst nicht. Dass das allerdings eine Einheit ist, hatte mir Kortner schon klargemacht.

Anfangs saßen die Dramaturgen nur da unten, aber wenn man guten Kontakt hatte, hat man dann auch mal gefragt – von meiner Seite aus sehr diskret, weil man den Regisseur nicht verletzen wollte. Es ging um ein Miteinander. Zu manchen Dramaturgen hatte ich später allerdings ein großes Vertrauen.

Boris von Poser: Sie haben viele der heutigen Regisseure und Intendanten als Regieassistenten erlebt, zum Beispiel Peter Stein, Jens-Daniel Herzog, Christian Stückl, Anselm Weber. Einige davon haben Sie später als Regisseure erlebt. Wie fühlt sich dieser Wechsel in einem Arbeitsverhältnis an?

Doris Schade: Bei manchen hat es eine große Freude gemacht. Manchmal gab es aber einfach auch einen Altersunterschied, den man gespürt hat, auch wenn man sie begabt fand und sich bemüht hat, sie zu verstehen.

Peter Stein hat mir als Regieassistent einmal enorm geholfen. Mit einer ganz simplen Bemerkung. Wir probierten ein Stück über die Hexenverfolgung und in einer Szene waren meine Arme an einen Pfahl gebunden. Der Pfahl war nicht fest, sondern ging hinter meinem Rücken durch beide Arme. So musste ich auf Knien auf meinen Partner zurutschen und ihm meine Worte ins Gesicht schleudern. Das war so geschrieben, als Ausbruch. Ich machte das voller Kraft, aber merkte, dass es irgendwie nicht funktionierte. Da stand ich eines Tags im Fahrstuhl neben Peter Stein und fragte ihn, wie es ihm mit dem Ausbruch ginge. Da meinte er nur, ich sei in der Rolle gefoltert worden und völlig am Ende. Ich solle mich deshalb mit dem Hintern auf die Beine setzen, mich absetzen und mit letzter Kraft die Worte sagen. Und plötzlich funktionierte die Szene. Ein einfacher, physischer Hinweis.

Boris von Poser: Wie war Ihre Arbeit mit den Regisseuren beim Film?

Doris Schade: Mit Fassbinder hatte ich in einem Hochschulfilm unter der Leitung von Douglas Sirk, dem Hollywoodregisseur, gespielt. Von dem hatte ich während meiner Schulzeit in Leipzig schon Theaterinszenierungen gesehen. Da hieß er noch Detlef Sierck. Der war mir beim Drehen zu amerikanisch. Er rief immer: »Action!« Da habe ich mich schon gefürchtet. Aber der hatte eine geniale Begabung. Der stand ganz woanders, aber wusste immer genau, was in der Kamera zu sehen war. Das habe ich restlos bewundert.

Später bei Fassbinders Theaterinszenierung FRAUEN IN NEW YORK war ich ursprünglich nicht dabei. Aber dann wurde es aufgezeichnet, und da eine Kollegin nicht konnte, habe ich ihre Szene gespielt. Die eigentlich einzige richtige Arbeit mit Fassbinder als Regisseur war der Film DIE SEHNSUCHT DER VERONIKA VOSS. Als die Dreharbeiten kamen, wusste ich, dass einige Kollegen mit Fassbinder schon Gespräche geführt und über die Rollen geredet hatten. Ich hatte nichts gehört. Ich wusste nur, er wollte mich, er hatte mich besetzt. Ich kam nun zum ersten Aufnahmetag und gehe hilfesuchend zu ihm hin und sage: »Du hast mir überhaupt nichts zur Rolle gesagt und ich muss sie jetzt gleich spielen.« Und der machte immer nur eine Aufnahme. Die zweite hat ihn schon gelangweilt und wenn eine dritte gemacht werden musste, ging er schon weg und hat es den Assistenten machen lassen. Den hat immer nur das erste Mal interessiert. Wahnsinn! Ich frage also nach meiner Rolle, da sagt er nur: »Ja … die Frau, die redet nicht viel.« Das war alles. Aber ich habe da sofort was mit anfangen können. Eine Frau, die zuschaut, sich ihren Teil denkt. Eine Frau, die sich vielleicht schlecht äußern kann. Oder sich nicht äußern will.

Boris von Poser: Sie haben trotzdem das Theater immer vorgezogen?

Doris Schade: Mir liegt filmen. Das ist viel leichter, weil ich weniger Ablenkungen habe. Mich haben aber die Texte beim Theater gehalten. Ich habe beim Filmen nie die Texte bekommen, die mich vom Hocker gerissen hätten. Außerdem ist jede Theatervorstellung anders. Das merkt vielleicht der Laie nicht, aber für einen Schauspieler ist es jedes Mal anders. Theater hat so eine Einmaligkeit. Mein Mann meinte immer: »Dem Mimen flicht die Nachwelt keine Kränze.« Das gilt für mich heute noch. Manche sagen: »Da gibt es doch heute aber Aufzeichnungen, die kann man doch im Fernsehen sehen.« Aber das ist nicht dasselbe. Theaterstücke sind nicht wiederholbar. Sie werden, wenn der Abend anfängt, geboren, und am Ende sterben sie.

Es wurde auch von Kortner eine Aufnahme gemacht, wie er KABALE UND LIEBE inszeniert. Da war so etwas noch neu. Viele waren damals begeistert von dieser Aufzeichnung. Für mich stimmte das nicht. Ich sah, dass den Schauspielern und auch Kortner bewusst war, dass sie bei den Proben gefilmt wurden und sie haben sich danach – unbewusst! nicht bewusst – verhalten. Der eine Schauspieler ist in der Aufnahme immer so nett und sagt: »Jawohl, Herr Kortner, jawohl, Herr Kortner.« Das habe ich nie so erlebt. Ich habe die Proben ganz anders in Erinnerung.

Boris von Poser: Was waren negative Erlebnisse mit Regisseuren?

Doris Schade: Naja, wenn jemand stilistisch einseitige Sachen verlangte und nicht ausprobieren ließ. Und wenn das Gefühl nicht aufkommen konnte, dass man selbst draufgekommen ist. Oder wenn Regisseure meinten, die Frauen muss man zum Heulen bringen, dann kann man erst richtig mit ihnen arbeiten. Was für eine furchtbare Einstellung! Ich habe mir gesagt: Mich sieht keiner heulen! Ein einziges Mal musste ich heulen, aber da bin ich in die Kulisse gegangen. Der Regisseur hat mich nicht heulen sehen.

Boris von Poser: Kommt bei einem Schauspieler irgendwann der Wunsch, selbst Regie zu führen?

Doris Schade: Ich hatte tatsächlich irgendwann den Wunsch. Ich habe ihn aber nicht geäußert. Ich hätte gern die IPHIGENIE von Goethe inszeniert. Die war mir immer zu brav und zu edel inszeniert. Das ist auch eine Rolle, die ich gern gespielt hätte.

Für den Film HELLER WAHN von Margarethe von Trotta habe ich mal eine kleine Szene aus LEONCE UND LENA inszeniert. Margarethe von Trotta hat mir das zugetraut, ich habe es gerne gemacht und die Schauspieler haben es auch gerne angenommen. Aber es war nur eine kleine Szene.

Boris von Poser: Sie haben fast Ihr ganzes Leben im Theater verbracht – gibt es etwas, dass Sie einem Menschen, der sich heute entscheidet, Regisseur zu werden, raten?

Doris Schade: Schauspieler zu einem normalen gesunden Selbstvertrauen zu bringen. Nicht zu einem Geltungsbedürfnis, das nicht. Aber das Vertrauen in die Rolle festigen und darin, dass man sie spielen kann. Das ist eine große Tat, wenn man das kann, als Regisseur.

Das Gespräch fand im Oktober 2010 in München statt.

Exkurs: Realität im Theater

Ein Thema, dass Zuschauer und Theatermacher immer wieder aufs Neue interessiert hat, ist das Thema Realität auf der Bühne. Theater hat rituelle Wurzeln und ist seinem Wesen nach zeichenhaft. Das heißt, auf der Bühne werden Zeichen gesetzt, die eine reale Entsprechung haben. Und die Zuschauer lesen diese Zeichen und akzeptieren, dass das Geschehen nicht real *ist*, sondern eine Realität *bedeutet*.

Im Naturalismus gab es den Versuch, das Bühnengeschehen so darzustellen, dass es nahezu real wirkte. Für Zuschauer, die bislang ein zeichenhaftes Theater gewohnt waren, war das Ergebnis verblüffend. Seit damals sind Versuche in dieser Richtung immer wieder gemacht worden. Dank hochqualifizierter Technik war es Mitte der achtziger Jahre möglich, am Schluss von Peter Steins DREI SCHWESTERN an der Berliner Schaubühne die Zuschauer mit einem riesigen Garten zu überraschen. Benjamin Henrichs schrieb dazu in *Die Zeit*: »Man schaut in einen Garten, einen Wald, der Zaun ist niedergerissen, Laub liegt auf dem Boden. Hohe schwere Baumstämme, eine Tannenallee, dahinter ein Birkenwäldchen. Und in der Tiefe des Raumes ein Blick hinaus ins weite Land, auf einen hohen leuchtenden Himmel.«[18]

In diesen Jahren gab es in Deutschland einige Unternehmungen in dieser Richtung. Der luxuriöse Theaterapparat verhalf zu immer kunstfertigeren Abbildungen der Realität. In Thomas Langhoffs Inszenierung von Schnitzlers DER EINSAME WEG bei den Salzburger Festspielen beherrschte ein riesiger Laubbaum die Bühne, der mithilfe ausgeklügelter Technik an dramaturgisch passenden Stellen einzelne Blätter fallen ließ. In derselben Inszenierung gab es allerdings noch ein wesentlich interessanteres Beispiel für die Grenze des Realismus auf der Bühne. Am Schluss des vierten Aktes stieg Johanna Wegrat, gespielt von Anne Bennent, in den Teich, um sich das Leben zu nehmen. Bei Schnitzler steht am betreffenden Szenenschluss nur die Anweisung: »Sie blickt ins Wasser.« Der Moment, als Anne Bennent tatsächlich untertauchte und bedrohlich lange der Vorhang nicht fiel, war verblüffend. Genau hier wird aber die Grenze der realistischen Möglichkeiten des Theaters

18 Benjamin Henrichs, Die alten Kinder, in: *Die Zeit* vom 10.2.1984.

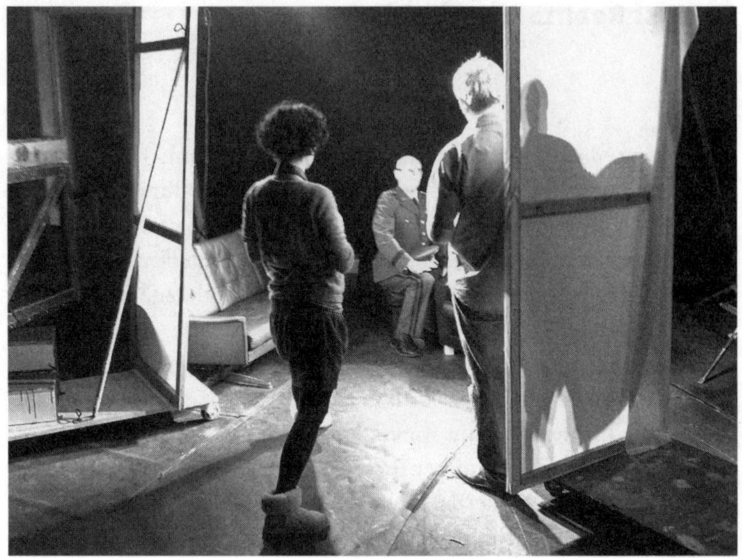

sichtbar: Denn bei aller Realitätsnähe wusste jeder Zuschauer, dass die Schauspielerin sich nicht das Leben nehmen würde. Der gerade noch rechtzeitig fallende Vorhang verhinderte, dass man sich mehr um die Darstellerin als um die Rolle sorgte.

Ein paar Jahre später konnte man an der Schaubühne in Berlin einen ähnlichen Effekt erleben – in Georg Büchners WOYZECK. Die ermordete Marie versank im Wasser und verschwand. Allerdings war das Bühnenbild ohne Vorhang konzipiert und da Marie tatsächlich nicht wieder auftauchte, stellte sich jeder Zuschauer nach einigen Minuten die Frage, wie der Effekt wohl bewerkstelligt worden war. Und als einige Zeit später für die Szene, in der Woyzeck das Messer sucht, die Leiche von Marie hochtrieb und am Ende dieser Szene wieder versank, war die Konzentration der Zuschauer endgültig nicht mehr beim Inhalt der an sich ergreifenden Szene.

Im Film kann eine solch realistische Szene den gewünschten Schockeffekt haben, im Theater aber stößt der Realismus an Grenzen. Bei solchen Momenten entscheidet das Rhythmusgefühl der Regie, ob die Verblüffung oder die Irritation überwiegt. Wie bei einem guten Zaubertrick ist es wichtig, den verblüffenden Effekt gerade lang genug, aber nicht übermäßig auszukosten.

Natürlich haben sich auch Sehgewohnheiten mit den Jahren verändert. Bereits 1920 hatte in Italien Luigi Pirandello damit begonnen – am berühmtesten in seinem Stück SECHS PERSONEN SUCHEN EINEN AUTOR – spielerisch die Realitätsebenen zu verwischen. In den Folgejahren hat das viele Nachahmer gefunden. Wenn man vor achtzig Jahren in einem damals formal revolutionären Stück wie UNSERE KLEINE STADT von Thornton Wilder eine Figur im Zuschauerraum aufstehen und sich überraschend ins Spiel einmischen ließ, konnte man die Zuschauer durch diesen Tabubruch einigermaßen überraschen. Heute ist ein solches Mittel bereits so oft angewendet worden, dass der Zuschauer die Aktion willig oder unwillig verfolgen, aber kaum besonders verblüfft sein wird.

Unabhängig voneinander ist das Publikum bereit, beides zu leisten: eine gespielte Aktion auf der Bühne atemlos zu verfolgen, als sei sie real, und auch den Kitzel zu genießen, dass ein Übergriff in seine tatsächliche Realität stattfindet. Die Vermischung von beidem verlangt aber im heutigen Theater mehr als eine bloße Behauptung von Realität.

In den letzten Jahren hat das Regiekollektiv Rimini Protokoll eindrucksvoll gezeigt, wie vielschichtig man Dokumentarisches und Gespieltes zu einem spannenden Theaterabend verweben kann. Seit 2000 erarbeitet die Gruppe aus dokumentarischen Elementen ihre Aufführungen, an denen besonders der spielerische Umgang mit den beiden Ebenen beeindruckt. Durch eine raffinierte Inszenierung werden dokumentarische Elemente zu einer neuen, künstlichen und dadurch theatralischen Realität verbunden. Charakteristisch ist, dass ihre Arbeiten oft an den Entstehungsort gebunden sind.

Manchmal beziehen sie sich aber auch auf klassische Theaterstoffe. So kamen 2007 in Zürich für die Inszenierung von Friedrich Dürrenmatts DER BESUCH DER ALTEN DAME Menschen auf die Bühne des Schauspielhauses, die die Uraufführung des Stückes am gleichen Ort fünfzig Jahre zuvor erlebt hatten. Damalige Zuschauer, Bühnenarbeiter und Kleindarsteller erzählten von ihrem persönlichen Erlebnis mit dieser Aufführung und spielten dabei auch ganze Teile des Dramas nach.

Diese Aufführung weist auf einen wesentlichen und neuen Aspekt des Themas Realität auf der Bühne hin: In den letzten Jahren wurde nicht mehr die Realität des Dargestellten beschrieben, sondern die Realität des Darstellenden.

Etwa zur gleichen Zeit begann die britische Regisseurin Katie Mitchell, die sich bis dahin einen beachtlichen Ruf als realistische Regisseurin erworben hatte, den Fokus der Betrachtung auf ähnliche Weise zu verschieben. In ihrer Inszenierung von Virginia Woolfs THE WAVES 2007 am National Theatre in London, die sie 2011 am Schauspiel Köln in deutscher Sprache wiederholte, zeigte Mitchell eine Gruppe von Schauspielern, die mit Mikrofonen und Kameras einen durchaus realistischen Film nach dem Roman von Virginia Woolf produzierten. Der Zuschauer konnte einerseits den auf großer Leinwand projizierten Film verfolgen, der eine komplette Illusion bot. Er war andererseits zugleich mit der Realität des Produzierens dieser Illusion konfrontiert.

Der Regisseur Volker Lösch hat dem Thema Realität auf der Bühne eine eigene Version hinzugefügt. Für verschiedene Stücke organisierte er jeweils einen Laienchor, bestehend aus Menschen, die im realen Leben mit dem Thema des Stückes zu tun hatten. Eine breite Aufmerksamkeit erreichten der Arbeitslosenchor in DIE WEBER nach dem Stück von Gerhart Hauptmann am Staatsschauspiel Dresden 2004 und der Chor in MARAT – WAS IST AUS UNSERER REVOLUTION GEWORDEN? nach Peter Weiss am Schauspielhaus Hamburg 2008. In beiden Fällen drohten rechtliche Konsequenzen – sowohl von Verlagsseite als auch von den Personen, die in den Chorpartien angeprangert wurden –, die dokumentieren, dass die Fiktion ihren Weg in die Realität gefunden hatte.

Interessant war die Reaktion auf LULU – DIE NUTTENREPUBLIK an der Berliner Schaubühne 2010, einer Inszenierung, die damit warb, Wedekinds LULU durch einen Chor echter Sexarbeiterinnen zu ergänzen. Die Inszenierung war kurzfristig angesetzt worden, weil Volker Lösch für eine geplante Inszenierung von Georg Kaisers VON MORGENS BIS MITTERNACHTS nicht genügend Menschen für einen Chor gefunden hatte, die im Finanzwesen arbeiten. Als nun bekannt wurde, dass der Chor der Sexarbeiterinnen in seiner LULU-Version zum Teil aus Schauspielschülerinnen bestand, war für die Zuschauer der Realitätsanspruch der Unternehmung grundsätzlich infrage gestellt. Während in den ersten Arbeiten mittels der Chöre ein aufregender Dialog zwischen dem historischen Drama und der gegenwärtigen Realität entstanden war, löste die Enthüllung, dass der Sexarbeiterinnen-Chor zum Teil genauso inszeniert war, diese spezielle theatralische Spannung auf.

Regie aus Sicht eines Intendanten: Gespräch mit Ulrich Khuon

Ulrich Khuon wurde 1951 in Stuttgart geboren. Studium an der Universität Freiburg von 1970–1979. Staatsexamen in Jura, Germanistik und Theologie. Ab 1977 arbeitete er zunächst als Theater- und Literaturkritiker bei der Badischen Zeitung. Seine Theaterarbeit begann 1980 als Chefdramaturg und ab 1988 als Intendant am Stadttheater Konstanz. 1993 wechselte Ulrich Khuon an das Niedersächsische Staatsschauspiel Hannover und wurde 1997 zum Professor an der Hochschule für Musik und Theater Hannover ernannt. Seit 1998 ist er Jurymitglied für den Else-Lasker-Schüler-Preis, seit 1999 Mitglied der Deutschen Akademie der Darstellenden Künste. Mit Beginn der Spielzeit 2000/01 wechselte er als Intendant an das Thalia Theater Hamburg. Während seiner Intendanz wurde das Thalia Theater zweimal Theater des Jahres. Ulrich Khuon ist seit 2002 Vorsitzender des Ausschusses für künstlerische Fragen im Deutschen Bühnenverein. 2008 wurde er in den Senat der Deutschen Nationalstiftung und in den Stiftungsrat des Friedenspreises des Deutschen Buchhandels berufen. Seit September 2009 ist Ulrich Khuon Intendant des Deutschen Theaters Berlin.

Boris von Poser: In den letzten Jahren wird den Regieschulen immer häufiger eine größere Kompetenz in der Ausbildung zugesprochen als den Theatern mit ihrem Praxisweg der Regieassistenz.

Ulrich Khuon: Ja, was ich aber kritisch sehe. Die Assistenzerfahrung ist Gold wert. Natürlich lernt man in den Schulen viel, zum Beispiel Selbstständigkeit. Und man lernt in der »Ernst Busch«-Schule etwas anderes als in Hamburg und da wieder was anderes als in Frankfurt. Wenn jemand aber überhaupt keine Assistenzerfahrung hat, fehlt ihm später doch Einiges. Ich bin sehr dafür, vor oder nach dem Regiestudium eine Assistenz zu machen. Denn eine frühe Realitätsberührung ist immer von Vorteil.

Wenn man direkt neben einem Regisseur sitzt, kann man sowohl die Schwierigkeiten als auch die Dinge kennenlernen, die jemand gut macht. Ich habe zum Beispiel nur einen Intendanten in meinem ganzen Leben als Dramaturg erlebt, aber habe von dem sehr viel gelernt. Hans-J. Ammann war das damals in Konstanz, und auch Manfred Beilharz habe ich ein wenig in Freiburg mitbekommen, das waren für mich wichtige Erfahrungen aus der zweiten Reihe heraus.

Seitdem bin ich selber Intendant und wenn es ginge, würde ich ganz gern zwischendrin mal ein Praktikum machen und sehen, wie andere Intendanten das so machen. Wenn man dann im Beruf steht, muss man sich behaupten und lernt nur noch aus den eigenen Fehlern. Wenn ich beispielsweise im Bühnenverein bei einer Intendantensitzung dabei bin, die ich nicht selber leite, dann kann ich beobachten und lernen, wie jemand anders leitet, und so ist es mit dem Regieführen auch.

Boris von Poser: Hat sich durch die Veränderung des Regiebildes auch die Position des Assistenten modifiziert?

Ulrich Khuon: Die hat sich verändert, sicher. Früher gab es mehr von diesen genialen Regisseuren, den »Meistern«, zu denen man aufgeschaut hat. Heute gibt es mehr Nähe und Arbeit im Team. Andreas Kriegenburg macht zum Beispiel jetzt bei unseren zweiten Berliner Autorentheatertagen für die Inszenierung seiner ehemaligen Assistentin das Bühnenbild, das ist schon eine besondere Geste.

Die szenische Fantasie muss der Regisseur natürlich trotzdem selber entwickeln. Wie finde ich das Eigene – das ist immer eine der wesentlichen Fragen: Wie nehme ich etwas aus dem Team auf und finde doch eine eigene Sprache?

Boris von Poser: Sind in Bezug auf Assistenten heute eher die Theater als die arrivierten Regisseure in der »Meister«-Position?

Ulrich Khuon: Ja, das kann man so sagen. Es ist aber auch bei diesem Assistenzweg die Frage, wie man den Übergang gestaltet. Ich versuche natürlich auf den Weg zu bringen, dass die Assistenten in meinem Haus die eine oder andere eigene Regiearbeit machen und es zu ermöglichen, wenn sie die Chance bekommen, irgendwo anders etwas zu inszenieren. Sie können ja nicht davon ausgehen, dass nach dem letzten Tag der Assistenz gleich zwei, drei Arbeiten irgendwo warten. Da muss man schon helfen. Ich rege auch an, dass meine Regie- und Ausstattungsassistenten zusammen eine Arbeit machen. Da haben sich einige dauerhafte Verbindungen ergeben.

Boris von Poser: Früher war es für einen jungen Regisseur ratsam, seinen Weg in der sogenannten Provinz zu starten, um dann mit einem klaren Regieprofil in einer größeren Stadt zu landen. Ist das auch heute noch ein geeigneter Ratschlag?

Ulrich Khuon: Der Theaterbetrieb ist heute viel hysterischer, er ist extrem novitätensüchtig. Da sind wir selber natürlich ein Teil davon. Aber auch die Öffentlichkeit produziert das. Und genauso, wie das in den anderen Bereichen ist, sind gute Leute auch im Theaterbetrieb in der Gefahr, sehr früh verbrannt zu werden. Schnell hochgeschrieben, und auch wieder fallengelassen. Grundsätzlich rate ich jungen Regisseuren zu einer Doppelstrategie. Ich habe zum Beispiel David Bösch ein Stück weit begleitet, den ich an der Regieschule in Zürich entdeckt hatte, der damals noch ganz jung war. Ich habe ihn eingeladen, eine Regiearbeit bei uns zu machen – das war am Thalia Theater. Kurz darauf hat auch Matthias Hartmann ihn für Bochum angefragt. Ich habe David Bösch aber damals auch zugeraten, parallel die Position als Hausregisseur in Essen anzunehmen.

Boris von Poser: Können Sie diesen Ratschlag genauer erklären?

Ulrich Khuon: Als Hausregisseur prägt er ein Ensemble und ist auch Teil des Zentrums. Das ist nicht so, wenn er als Regisseur einer Produktion nur acht Wochen an einem Haus arbeitet. Das ist viel unsicherer, viel labiler, auch anstrengender – auch wenn er vom Intendanten, dem Ensemble und von den Dramaturgen geschätzt und gestützt wird.

Wenn man im Thalia Theater oder im Burgtheater arbeitet, hat man es mit einem sehr starken Ensemble zu tun. Das und natürlich auch die Öffentlichkeit setzen einen extrem unter Druck. Man kann da unterschiedlich damit umgehen. Nehmen Sie zum Beispiel Jette Steckel: Sie hat relativ schnell nach Abschluss ihres Studiums an großen Häusern gearbeitet, arbeitet jetzt mehr oder weniger nur am Thalia Theater und bei uns am DT. Ich denke, durch die Familienprägung wusste sie sehr früh, wo die Fußhaken sind, die Fallen.

Gerade hat Annette Pullen die Position als Oberspielleiterin in Osnabrück übernommen. Auch das ist richtig, dass eine Regisseurin die Verantwortung bzw. Mitverantwortung für ein mittleres oder kleineres Haus trägt. Bei den grundsätzlichen Anforderungen und Gefährdungen ist da nicht so ein Riesenunterschied, aber man gewinnt durch die Position zunächst mal eine andere Autorität und dadurch einen leichteren Stand. Am DT ist sie nur eine von mehreren Regisseuren. Und es ist ja nicht so, dass die mittleren und kleinen Häuser kein gutes Ensemble hätten oder nicht gut geführt wären. Davon abgesehen gibt es auch große Häuser, die schlecht geführt sind.

Boris von Poser: Gestaltet sich die Regisseurauswahl für einen Intendanten in einer kleineren Stadt wie Konstanz anders als in Städten wie Hamburg oder Berlin?

Ulrich Khuon: Ich finde nicht, dass das anders ist. Egal in welchem Haus man arbeitet, muss man im Grunde immer schauen, mit wem man sich verbünden will. Und zwar entschieden. Für einen bestimmten Zeitraum fast schicksalhaft. Ich hatte Hartmut Wickert nach Konstanz geholt, der für das dortige Publikum anstrengend war, weil er ein sehr kluges, Einfühlung verweigerndes Theater macht. Aber wir fanden das wichtig. Natürlich wird man daneben nicht noch drei weitere Regisseure holen, die in die gleiche Richtung arbeiten.

Wenn an einem Haus wie dem DT zwei Arbeiten eines Regisseurs schwierig sind, würde ich schon aus Trotz noch eine dritte wagen, wenn ich weiß, was ich an ihm schätze. Aber ich habe andererseits auch eine Verantwortung für ein Ensemble. Wir haben als Intendanten auch die Aufgabe, Regisseure zu beschützen und nicht sofort bei fehlender Zustimmung von unterschiedlichen Seiten die Zusammenarbeit zu beenden.

Und wenn es nicht weitergeht, heißt das auch nicht, dass der Regisseur schlecht ist, sondern dass er in diesem Fall sein Ensemble nicht erreicht hat. Und dann muss er es woanders ausprobieren. Das habe ich alles schon erlebt; da hatte einer mit dem einen Ensemble Probleme und ist woanders vom Ensemble geliebt worden, auch vom Publikum oder der Presse. An einem kleineren Haus ist es leichter, dem Gegenwind standzuhalten. Da gibt's dann möglicherweise nur eine Zeitung. Und wenn die etwas nicht gut findet, dann gibt es immer noch das Publikum.

Boris von Poser: Aber Sie müssen doch in einer kleineren Stadt ein breiteres Spektrum abdecken als in einer Stadt wie Berlin, in der bestimmte Theaterformen an bestimmte Theater delegiert sind?

Ulrich Khuon: Das stimmt. Wenn ich hier am DT eine Komödie auf den Spielplan setze, wie z.B. Sein oder Nichtsein, werde ich ja direkt abgestraft und die Reaktionen der Presse sind harsch. Und ich denke: Wie schmal ist denn das Segment, was ihr mir zuschreibt! Meine Sehnsucht ist eine Art Vielfalt. Ich mag die vielen unterschiedlichen Spielformen, wenn sie in sich gut gemacht sind.

Boris von Poser: Ist diese Spezialisierung für anfangende Regisseure praktisch oder verhindert das möglicherweise auch eine Entwicklung? Da kann doch ein angehender Regisseur an einem kleineren Haus mehr Dinge probieren, die zunächst nicht auf seiner Schiene liegen?

Ulrich Khuon: Genau. Wenn man an einem Haus zwei, drei Sachen inszeniert, ist man mit dem Ensemble sehr verbunden und kann bei der dritten Arbeit viel mehr ausprobieren. Und wenn es nicht funktioniert, hat man zumindest daraus gelernt. Wenn Sie aber nur einmal im Jahr eine Arbeit an einem großen Haus machen und sie funktioniert nicht, dann hat das für die zweite Konsequenzen. Da entsteht wieder ein anderer Stress, weil man dann sagen wird: »Jetzt mach aber was, worauf wir uns mehr verlassen können!« Deswegen ist es richtig, sich mit einem Haus und einem Ensemble, einer Dramaturgie und einem Intendanten fester zu verbinden und Verantwortung zu übernehmen. Und in dem Sinne, wie Sie es sagen, sich selber ausprobieren zu können. Trotzdem ist es gut, einmal im Jahr woanders eine Arbeit zu machen, denn man kommt mit neuer Erfahrung zurück und auch mit neuer Autorität.

Boris von Poser: Für einen Assistenten an einem größeren Haus ist das möglich, aber ich bekomme jetzt viel mit, dass Assistenten an kleinen und mittleren Theatern, an ihrem jeweiligen Stammhaus, zwei, drei Sachen inszenieren können, aber große Schwierigkeiten haben, dass die richtigen Leute sich das ansehen und ihnen einen Folgeauftrag geben.

Ulrich Khuon: Das ist auch ein Problem. Ich hatte in Konstanz eigentlich nur zwei Assistenten, bei denen es weiterging und die halbwegs eine Regiekarriere machten. Andere sind ganz andere Wege gegangen. Es ist nicht einfach und hängt auch gar nicht nur am Intendanten, ob man es schafft, die Assistenz an einem bestimmten Theater als Sprungbrett zu nutzen.

Heute werden viele junge Absolventen gleich nach der Regieschule abgefischt; es gibt das jährliche Treffen der Regieschulen, auf dem viel Aufmerksamkeit liegt; viele Dramaturgen schauen sich dort nach jungen Talenten um. Wenn sie da nicht engagiert werden, gehen sie an kleinere Häuser. Und wenn sie dort zu lange arbeiten, besteht die Gefahr, dass die großen Theater nicht mehr richtig hinsehen.

Ich würde einem Regieassistenten an einem kleineren Haus immer raten, wenn er nicht zu alt ist, dass er sich nach den zwei Assistenzjahren doch noch an einer Regieschule bewirbt – zum Beispiel in Hamburg, wo man sehr bald anfängt, eigene Projekte zu machen. Man kann es als einen Schutzraum nutzen, muss aber dann auch gleich loslegen und inszenieren.

Und wenn sich in dieser Zeit keine weitere Inszenierung an einem Haus ergibt, ist es kein so großes Problem, denn man ist ja Student. Wenn man aber Möglichkeiten hat, an einem Theater zu arbeiten, muss man die Schule auch nicht zu Ende machen. Bei den meisten Studien bin ich für einen Abschluss, aber bei den Theaterberufen finde ich, das sind so offene Prozesse, da spürt man selbst, wann man sich von dem Mutterschiff verabschieden muss.

Boris von Poser: In den letzten zehn Jahren haben viele Theaterformen, die zunächst alternativ zu den Stadttheatern in der freien Szene entstanden sind, Einzug gehalten in den Formenkanon der Stadttheater. Was hat das für eine Konsequenz für den Theaterbetrieb?

Ulrich Khuon: Auch durch die Schulen in Gießen und Hildesheim sind natürlich Anstöße gekommen. Die performativen Formen sind eine großartige Ausweitung – trotz all dem Epigonalen, Mittelprächtigen, was es ja überall gibt. Aber das ist ja auch früher so gewesen – wenn man Zadek nur nachmacht oder Peter Stein oder wen auch immer, dann ist das genauso schrecklich, wie wenn man Rimini Protokoll, Thalheimer oder Petras nur nachmacht.

Boris von Poser: Machen diese Theaterformen es schwerer, das erlernbare Handwerk zu erkennen?

Ulrich Khuon: Sagen wir mal so, das Feld, in dem man selbst suchen muss, ist größer. Und es ist komplizierter herauszubekommen, wofür jemand begabt ist. Jeder muss natürlich selbst prüfen, welche Fantasie er hat, ob er ein Projekt frei erfinden oder eher einen Text genau lesen und interpretieren kann – eine Art von Arbeit, die es im Moment schwerer hat. Das empfinde ich übrigens durchaus als ein Problem. Oder es hat zum Beispiel einer ein Gefühl für Musik und für den Umgang mit elektronischen Medien. Es gibt sehr unterschiedliche Begabungen.

Boris von Poser: Bei den performativen Formen finde ich jetzt auch sehr interessant, wie eine Qualitätssteigerung funktioniert. Wonach richtet sich jemand? Er kann sich nicht wirklich nach der Presse …

Ulrich Khuon: Er braucht Partner: Schauspieler, Intendanten, Dramaturgen oder auch Regiekollegen. Er muss schauen, wem er vertraut. Sie haben recht, es ist ein großes Feld, in dem man sich am besten zurechtfindet mithilfe der Bande, die man gebildet hat, vielleicht auch mithilfe der Lehrer und der »Mütter« und »Väter«, die man im Theater hat. Das Mitbringen eines Teams wird zunehmend wichtiger, weil es dann schon ein Vorverständnis gibt. Man muss sich nicht immer neu ästhetisch zusammenfinden – wie etwa mit einem neuen Bühnen- oder Kostümbildner. Diese Leitungsteams sind Schutzzonen und funktionierende Gruppierungen. Irgendjemand hat Clint Eastwood gefragt, ob es nicht wahnsinnig stressig und aufregend wäre, jedes Jahr einen Film zu machen. Da hat er gesagt, überhaupt nicht, bei ihm wisse jeder im Team, was er zu tun hat. Das ist wie ein Handwerk. Natürlich ist es mehr als ein Handwerk, aber die Art, wie gearbeitet wird, ist wie ein Handwerk. Es ist gut, wenn sich die Gruppen gut verstehen, ohne bequem zu werden.

Boris von Poser: Theater ist ein momentanes Medium und so gibt es natürlich auch das Thema der aktuellen Mode. Junge Regisseure haben oft das Gefühl, einem Zeitgeist entsprechen zu müssen. Inwieweit wird das durch die Theater gefördert und wie könnte man dem eventuell entgegensteuern?

Ulrich Khuon: Ich würde sagen, man muss zunächst die Fähigkeit zur Unterscheidung üben – das gilt im Grunde auch für die eigene Arbeit. Man muss herausfinden, was an einer Bewegung Mode ist und was vielleicht auch etwas Neues ist, das man lernen oder entwickeln sollte.

Man muss offen für Einflüsse bleiben, muss durchlässig sein für Strömungen, auch für eine veränderte Wirklichkeit, ohne sich dem Diktat der Mode zu unterwerfen. Wenn jemand nur mit der Mode geht und etwas nur macht, weil es modisch ist, spürt das ein Haus, der Partner, irgendwann spüren es alle. Aber man darf sich nicht verschließen.

Boris von Poser: Das streift auch die Frage der Aktualität von Theater …

Ulrich Khuon: Es ist ja so, dass es kaum ein Ereignis gibt – zum Beispiel einen Amoklauf, Entführungen, Terror –, wo nicht sofort die Frage auftaucht: »Was habt ihr dazu zu sagen?« Aber wir sind keine Kommentatoren, wir richten auch nicht den Spielplan nach den tagesaktuellen Ereignissen aus – wir haben auch nicht, weil in Libyen der Umsturz ist, morgen das Schlüsselstück dazu. Wir arbeiten auf einer anderen Schiene und unsere Fragen stehen eher quer – nicht antiquiert, sondern quer.

Amoklauf mein Kinderspiel hatten wir schon im Spielplan, bevor die Katastrophe in Winnenden passierte. Das ist dann kein Kommentar und auch nicht das Stück zur Lage, sondern es ist im Spielplan, weil die Frage nach der Angst von jungen Menschen und ihrer Isolation vorher schon wichtig war. Die Einsamkeit des Schülers ist auch schon in Frühlingserwachen von Frank Wedekind ein Thema. Moritz Stiefel könnte auch ein Amokläufer sein. Da wird der gleiche Befund erzählt, nur bringt er sich selber um. Was im Zweifel jeder Amokläufer auch irgendwann macht. Ich denke, wir müssen immer ein bisschen quer stehen, die richtigen Fragen zur falschen Zeit stellen. Kommentieren können die Zeitungen besser.

Boris von Poser: Wird bei einem Regisseur heutzutage die persönliche Handschrift höher bewertet als Regiehandwerk?

Ulrich Khuon: Ja, glaube ich. Aber persönliche Handschrift ohne jedes Handwerk funktioniert nicht. Handwerk heißt ja, jemandem vermitteln zu können, wie etwas geht oder wie er das umsetzen kann. Wenn man nicht gerade genial ist, läuft persönliche Handschrift schnell ins Leere. Viele junge Regisseure wissen, wo sie hinwollen, aber kennen die Wege nicht.

Boris von Poser: Sie selbst hatten Ihren ersten Kontakt zum Theater als Kritiker?

Ulrich Khuon: Nein, nein – Ich hatte als Student eine Studententheatergruppe gegründet, hatte auch vorher schon Regieassistenzen bei Valentin Jeker und Peter Palitzsch in Frankfurt gemacht, was ganz toll war. Dann habe ich studiert und war Kritiker während meines Zweitstudiums in Freiburg bei der *Badischen Zeitung*. Das ging während des Studiums ganz gut, da fuhr man abends nach Basel, Zürich oder Stuttgart, schrieb noch in der Nacht und dann konnte man wieder studieren. Aber in den zwei, drei Jahren als Kritiker habe ich dann für mich herausgefunden, dass ich lieber selber Theater machen will – und sei es nur indirekt, als Intendant. Ich wollte zunächst Regisseur werden, dann Dramaturg, was ich ja dann auch wurde. Ich mag es, dass man etwas zusammen macht. Mir liegt das Soziale des Theaters und dass ich ein bisschen steuern und animieren kann. Das Urteilende mag ich für mich nicht. Eigentlich mache ich lieber etwas und lasse mich von anderen kritisieren. Ich war sowieso immer ein komplizierter Argumentierer, der schon die Lehrer ins Grübeln brachte, ob das jetzt gut war oder schlecht …

Das Gespräch fand im Februar 2011 in Berlin statt.

Exkurs: Theater und Film

Seit der Erfindung des Films hat dieses Medium Theatermacher fasziniert. Schauspieler haben früh in beiden Medien gearbeitet, aber auch viele der frühen Filmregisseure kamen ursprünglich vom Theater. Heute gibt es durchaus noch Regisseure, die in beiden Kunstformen arbeiten. Aber die unterschiedlichen Planungszeiten und Arbeitsabläufe erschweren das kontinuierliche parallele Arbeiten. Dennoch sind die Wechselwirkungen zwischen Theater und Film so groß wie nie zuvor. Filmische Erzählweisen sind immer wieder auf der Bühne kopiert worden. So gab es viele Versuche, Entsprechungen für die filmische Schnitttechnik auf der Bühne zu finden.

In den letzten Jahrzehnten ist der Einsatz von Film und Video auf der Bühne fast zu einem Zeichen für Modernität geworden. Jedes Theater hat inzwischen eine Grundausstattung für Videoprojektion und manche Betriebe haben sogar eine eigene Abteilung dafür eingerichtet.

Für die Arbeit mit Video ist es wichtig zu wissen, dass die Produktion und Bereitstellung von Videomaterial für einen Theaterabend ganz anderen Zeitabläufen folgt als die Theaterproduktion selbst. Während in den Endproben einer Schauspielproduktion der Rhythmus einer Aufführung erst entsteht – durch Verknappungen, Beschleunigungen, kleinere oder größere Striche –, ist die Veränderung des filmischen Rhythmus mit deutlich größerem Zeitaufwand verbunden, der rechtzeitig eingeplant werden muss. Zudem ist es im Vorfeld wichtig, ein klares Konzept für den Einsatz von Film zu haben. Bevor man als Regisseur dieses Mittel einsetzt, sollte man sich darüber im Klaren sein, dass ein gedankenloser oder schlampiger Videoeinsatz inzwischen eher ärgerlich als modern wirkt. Neben einer Flut von banalen, oft unnötigen Videoeinsätzen im heutigen Theater hat sich natürlich auch eine hochinteressante und raffinierte Verwendung dieses Mittels entwickelt. Es gab hier eine durchaus fruchtbare Wechselwirkung zwischen Theater und Videokunst. Manche Videokünstler, wie zum Beispiel die New Yorker Künstlerin Joan Jonas oder die kanadische Installationskünstlerin Janet Cardiff, haben auch das Theater als Aufführungsort ihrer Werke entdeckt.

Eine Vorreiterposition beim Einsatz von Video nimmt die New Yorker Wooster Group ein. Schon sehr früh experimentierte die leitende

Regisseurin der Gruppe Elizabeth LeCompte mit raffinierten Wechselwirkungen von Projektion und Bühnenhandlung. Ihre Arbeiten sind komplexe Collagen verschiedener Theaterformen, die immer auch einen äußerst einfallsreichen Einsatz von Ton und Video beinhalten. Dabei geht es Elizabeth LeCompte oft um Verknappung, Beschleunigung und Brechung der realen Bühnenhandlung. Der Videoeinsatz ist also weder Kommentar noch Dekoration, sondern dialogischer Kontrapunkt oder auch Auslöser der Handlung.

In Deutschland haben sich inzwischen viele Regisseure mit den Möglichkeiten von Video im Theater kreativ auseinandergesetzt. In Stefan Puchers Inszenierung von Eugene O'Neills TRAUER MUSS ELEKTRA TRAGEN 2006 an den Münchner Kammerspielen war im letzten Akt allein Katharina Schubert als Lavinia / Elektra auf der Bühne. Alle Spielpartner waren nur noch in Videoprojektionen präsent. Stefan Pucher arbeitete hier zusammen mit dem Videokünstler Chris Kondek, der seinen künstlerischen Weg bei der Wooster Group in New York begonnen hat.

Auch Frank Castorf hat in vielen Inszenierungen ganze Stückteile live abgefilmt und projiziert. 2002 gab es in seiner Inszenierung DER MEISTER UND MARGARITA nach dem Roman von Michail Bulgakow einen Spielort, der nur vermittelt durch Video bespielt wurde (Video: Jan Speckenbach). In Bulgakows Roman gibt es verschiedene Zeitebenen. Die unterschiedlichen Schauplätze waren in dem Bühnenbild von Bert Neumann auf einer Drehbühne untergebracht. Der Spielort für die Szenen um Pontius Pilatus war wie ein Filmset eingerichtet: Israelkulisse, Sand und Felsen. Er war bei Drehungen der Bühne immer wieder direkt zu sehen, aber nie, wenn die Handlung dort spielte. In diesen Momenten war der Handlungsstrang immer nur als live produzierter Film zu sehen. Daraus resultierte eine die fremde Zeitebene widerspiegelnde Distanz, die durch die offen gezeigte Herstellung gebrochen wurde.

Daneben löste der Videoeinsatz auch auf spielerische Weise ein Problem der theatralischen Umsetzung: Eine große Rolle spielen in Bulgakows Roman die Flugkünste der Hexen. Castorfs Lösung dafür war so einfach wie spielerisch: Zum Fliegen gingen die Darstellerinnen vor einen Bluescreen, legten sich bäuchlings auf einen Hocker und imitierten Flugbewegungen. Der Vorgang und der resultierende Zauber wurden offen ausgestellt und als spielerisches Stilelement eingesetzt.

Diese Aufführung war eine Produktion der Volksbühne am Ro-

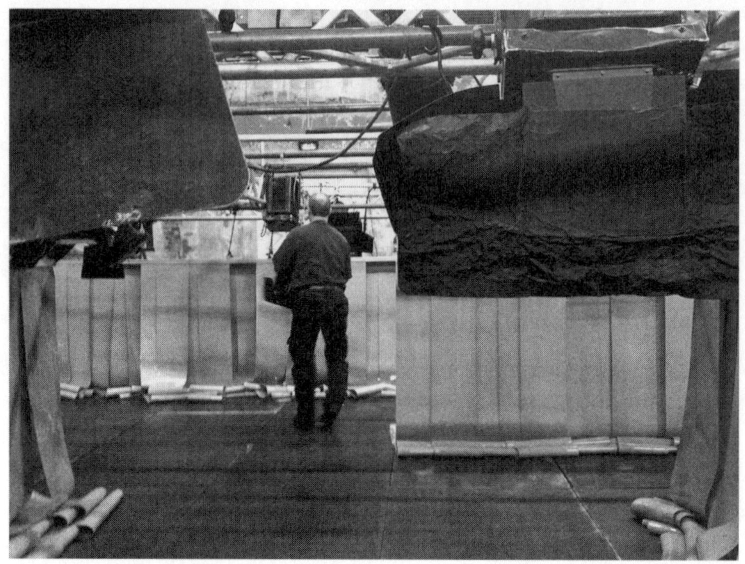

sa-Luxemburg-Platz, an der achtzig Jahre zuvor Erwin Piscator als Oberspielleiter engagiert war. Piscator kann man als den wichtigsten Vorreiter im Einsatz von Filmelementen auf der Bühne bezeichnen. Er integrierte bereits 1927 Filme als dramaturgisches Element in die legendäre Inszenierung HOPPLA, WIR LEBEN! nach Ernst Toller. Der Einsatz von Film auf der Bühne blieb allerdings bis zum Ende des letzten Jahrhunderts eine Randerscheinung. Dann erst begannen die Theatermacher, mit großer Regelmäßigkeit Filmelemente für ihre Inszenierungen zu nutzen.

Regie aus Sicht einer Kritikerin: Gespräch mit Christine Wahl

Christine Wahl, geboren 1971 in Dresden, arbeitete 1990/91 in der zeitgenössischen Kunstgalerie der Dresdner Sezession. Sie ging 1991/92 für theater-, sprach- und kulturwissenschaftliche Studien nach New York an das Marymount Manhattan College und die New York University. 1992 leitete sie die Ausstellung Dialog im Dunkeln der Stiftung Blindenanstalt Frankfurt/Main im Deutschen Hygiene-Museum Dresden. Anschließend studierte sie Germanistik, Anglistik, Philosophie und Soziologie in Freiburg/Breisgau und Berlin. Während des Studiums begann sie als redaktionelle Mitarbeiterin bei der Dresdner *Sächsischen Zeitung* sowie als freie Redakteurin beim Magazin *Ticket* des Berliner *Tagesspiegel* mit dem Schwerpunkt Theater. Seit 1996 ist sie Journalistin und Theaterkritikerin für den *Tagesspiegel*, *Theater heute*, *Spiegel online*. Daneben ist sie Mitglied in diversen Jurys, u. a. für den Berliner Senat zur Verleihung des Brüder-Grimm-Preises des Landes Berlin (2007), für den Mülheimer Dramatikerpreis (Preisjury 2007), für das internationale Festival des freien Theaters Impulse (2008/2009) und aktuell für das Berliner Theatertreffen. Sie ist außerdem im Auswahlgremium des Berliner Hauptstadtkulturfonds.

Boris von Poser: In den Jahren, die Sie aktiv als Kritikerin arbeiten, hat sich viel verändert im Blick auf Regie – die Regisseure sind immer jünger an wichtige Theater und große Stoffe gekommen, die Formen, die in der freien Szene ihren Platz hatten, haben die Spielpläne der großen Bühnen erobert. Die Formenvielfalt hat sich dadurch enorm erweitert, was natürlich ein großer Gewinn ist. Es hat aber auch den Druck auf die Regisseure erhöht, mit ihren Projekten noch spezieller und noch ungewöhnlicher zu werden.

Christine Wahl: Dass es einen enormen Druck gibt, merkt man. Ich bin mir aber nicht sicher, ob die Konsequenz daraus tatsächlich ausschließlich in dem von Ihnen beschriebenen Außergewöhnlichkeitsdruck liegt. Viele Theater mussten in den letzten Jahren Stellen einsparen. Die Ensembles werden also eher kleiner, aber der Output bleibt gleich oder wächst sogar noch. Ich habe eher den Eindruck, dass man sich unter diesen Umständen gerade an kleineren, finanziell prekären Häusern nicht immer die Hyperoriginalität leisten kann, sondern logischerweise lieber versucht, einem möglichst breit gefächerten Publikum gerecht zu werden.

Die Beobachtung, dass junge Regisseur/innen am Karrierebeginn möglichst rasch versuchen, eine eigene, originelle Handschrift zu entwickeln – sich sozusagen selbst zu einer Marke zu etablieren –, ist aber sicher richtig. Ich weiß allerdings nicht, ob das im Kern jemals wirklich anders war.

Boris von Poser: Macht sich bemerkbar, dass Regisseure heute bewusster im Umgang mit der Presse sind?

Christine Wahl: Ich denke, dass das Bewusstsein für marktstrategisch vorteilhaftes Verhalten generell gewachsen ist; da bilden Regisseur/innen sicher keine Ausnahme.

Boris von Poser: Ich kann mich erinnern, dass es plötzlich gang und gäbe wurde, selbst bei einer freien Produktion, bei der man ja üblicherweise aus finanziellen Gründen nur die allernotwendigsten Personen dabei hatte, eine Art Rumpfmannschaft, ganz selbstverständlich jemanden nur für Öffentlichkeitsarbeit im Team zu haben. Wie stellt sich das von Presseseite dar?

Christine Wahl: Die großen, subventionierten Institutionen – also Häuser wie das Deutsche Theater Berlin, die Münchner Kammerspiele oder das Thalia Theater Hamburg – verfügen ja seit jeher über Pressestellen. Da hat sich für uns Journalist/innen in den letzten Jahren nichts verändert: Wenn ich zum Beispiel den Intendanten des Maxim Gorki Theaters Berlin, Armin Petras, für meine Zeitung interviewen will, frage ich dort an, und alles wird umgehend organisiert.

Aber die freien Gruppen sind tatsächlich extrem professionell geworden in ihrer Pressearbeit wie in der Außendarstellung überhaupt. Das merkt man auch den Förderanträgen für den Hauptstadtkulturfonds an, dessen Jury ich zurzeit angehöre: Die Anträge sind in der Regel auf einem sehr hohen Niveau, sowohl inhaltlich als auch optisch. Fast jede freie Gruppe verfügt inzwischen über hochwertige Mitschnitte ihrer Produktionen. Und nahezu jede/r Pressemitarbeiter/in gibt auf dem Pressematerial seine / ihre Handynummer an, signalisiert also permanente Kommunikationsbereitschaft. Kurzum: Das Bewusstsein für die Wichtigkeit der Pressearbeit ist groß.

Boris von Poser: Ist es so, dass die Regisseure dabei auch selbst ein Bild von sich prägen?

Christine Wahl: Ich glaube, in einem gewissen Maß versucht das jeder Mensch, ob bewusst oder unbewusst. So gesehen halte ich Theaterregisseure in diesem Punkt eigentlich nicht für überdurchschnittlich anfällig. Aber was man deutlich merkt, ist zum Beispiel eine größere Fitness jüngerer Regisseur/innen in puncto moderner Kommunikationsmittel: Wenn Interviews autorisiert werden müssen, bekommt die Generation der heute 30- bis 45-Jährigen diese zum Beispiel per E-Mail gleich auf ihr Handy oder man verständigt sich per SMS. Alles geht sehr, sehr schnell – junge Regisseur/innen haben oft ein ausgeprägtes Bewusstsein für das naturgemäß hohe Tempo der Medien und sind entsprechend bereit, sich in diese Arbeitsbedingungen einzufühlen. Möglicherweise ist es unter (Theater-)Künstlern heute auch nicht mehr so chic, als schwierig zu gelten.

Boris von Poser: Schlägt sich das auch in der Arbeit nieder? Sind Regisseure heute angepasster als früher?

Christine Wahl: Ich habe schon den Eindruck, dass weniger ausprobiert wird. Aber ich bin ja auch noch nicht so alt, dass ich die Entwicklung ganzer Jahrzehnte betrachten könnte; ich stütze mich im Wesentlichen auf die letzten zehn, fünfzehn Jahre.

Boris von Poser: Aber das ist gerade eine Zeit, in der sich sehr viel verändert hat in der deutschsprachigen Theaterlandschaft.

Christine Wahl: Sicher. Ein Phänomen, das ich zurzeit oft beobachte, ist, dass Regisseur/innen versuchen, Erfolge zu wiederholen, also eine Arbeit, die gut ankam, bei der nächsten Inszenierung sozusagen mit denselben ästhetischen Mitteln neu aufzulegen. Wenn man davon spricht, dass weniger ausprobiert wird, darf man natürlich im Gegenzug nicht vergessen, dass auch die ökonomischen Zwänge der Theater – und damit der Erfolgsdruck – gewachsen sind.

Boris von Poser: Einerseits hat man das Gefühl, dass immer hektischer nach Talenten gesucht wird an den Theatern, die Ensembles lösen sich dadurch immer mehr auf und der Wettbewerb wird immer größer. Ausgewählt wird in vielen Fällen nach der überregionalen Berichterstattung, der also eine immer größere Rolle zukommt. Und auf der anderen Seite werden die Kultursparten auch der Zeitungen immer weiter gekürzt. Wie kann man diesem Dilemma begegnen?

Christine Wahl: Das ist in der Tat schwierig: Das Theater ist ja nur eine Sparte unter vielen, die im Feuilleton miteinander konkurrieren.

In einer durchschnittlichen regionalen Tageszeitung gibt es zwei, vielleicht drei Feuilletonseiten pro Tag, Anzeigen inklusive. Dort müssen neue Filme, Ausstellungen, Bücher, klassische wie Popkonzerte, Diskussionen und und und besprochen werden. Da kann man sich ja ungefähr ausrechnen, wie viel Platz für jede einzelne Sparte bleibt. Und wenn Lady Gaga ein Deutschland-Konzert gibt oder Christoph Waltz einen Oscar gewinnt, interessiert das im Zweifelsfall mehr Menschen, als wenn ein begabter Nachwuchsregisseur in einem Kieler Hinterhoftheater PENTHESILEA inszeniert. Es muss also von Zeitungsseite stark selektiert werden.

Boris von Poser: Welche Rolle nimmt das Internet dabei ein?

Christine Wahl: Das Internet ist einerseits eine Supersache, weil es mit seinen Angeboten Interessenten so gezielt ansprechen kann. Im Gegenzug kann man bei Onlinemedien natürlich auch wesentlich gezielter überprüfen, welche Texte gelesen werden: Wenn jemand eine Zeitung kauft, weiß der Verkäufer in der Regel nicht, ob der Leser sich auf den Politik-, den Wohnungs- oder den Kulturteil stürzt. Bei Onlinemedien ist das hingegen an den Klickzahlen genau messbar. Die Theaterberichterstattung liegt da in der Regel nicht unbedingt auf dem ersten Platz, vor allem die klassische Disziplin der Rezension nicht. Dadurch verschieben sich mitunter auch die Schwerpunkte in den Formen der Berichterstattung – zum Beispiel von der Aufführungsanalyse hin zum Schauspielerporträt. Theaterforen im Internet haben mit extremen Finanzierungsproblemen zu kämpfen: Wenn die Inhalte frei zugänglich bleiben sollen, braucht man genügend Leser, um die nötigen (Werbe-) Einnahmen zur Finanzierung des Portals zu generieren. Es ist also mitnichten so, dass Zeitungen oder Onlinemedien aus Ignoranz oder Bösartigkeit nicht alle Premieren besprechen, sondern es existieren einfach sehr klare – auch ökonomische – Zwänge.

Boris von Poser: In einer Diskussion zwischen Peter Zadek und Peter Pabst vor fast zwanzig Jahren vertrat Zadek die Meinung, junge Regisseure sollten an kleinen Theatern in der Provinz beginnen, um einen eigenen künstlerischen Standpunkt zu entwickeln. Pabst hielt dagegen, dass ein junger Regisseur von dort aus keine Chancen hätte, vom Markt wahrgenommen zu werden und entsprechend weiterzukommen. Wie sieht das zwanzig Jahre später aus?

Christine Wahl: Ich glaube nicht, dass man generell das eine oder das andere raten kann: Ich sehe sowohl junge Regisseure, die ihre Persönlichkeit in großen Städten an wichtigen Theatern entwickeln und behaupten können, als auch welche, die in der sogenannten »Provinz« beginnen und dann überregional entdeckt werden.

Boris von Poser: Fühlen Sie sich manchmal wie eine Art Theaterpolitiker?

Christine Wahl: Natürlich freue ich mich, wenn neue Ästhetiken, die ich für interessant halte und vielleicht sogar als Kritikerin ein wenig mit entdeckt habe, stärker in den Fokus rücken und die betreffenden Regisseure oder Gruppen eine erfolgreiche Karriere machen. Aber ich bin keine Politikerin des Theaters, sondern Mittlerin bzw. Multiplikatorin an der Schnittstelle zwischen Theater und Publikum.

Boris von Poser: Sie haben durch den Sitz sowohl in der Jury für das Berliner Theatertreffen als auch in dem Auswahlgremium des Hauptstadtkulturfonds deutlich mehr Einfluss als bisher. Gibt es vielleicht Dinge, die man sich für eine solche Position vornimmt?

Christine Wahl: Als Theatertreffen-Jurorin sehe ich im Jahr zwischen 100 und 150 Aufführungen – in ganz Deutschland, Österreich und der Schweiz, von denen die zehn »bemerkenswertesten« im Mai nach Berlin eingeladen werden. Und für den Hauptstadtkulturfonds begutachte ich zwischen 500 und 600 Förderanträge pro Jahr – allerdings nicht allein aus dem Theaterbereich, sondern aus allen kulturellen Sparten. Natürlich freut man sich da, wenn man Entdeckungen macht, eine völlig neue Handschrift, Idee oder Ästhetik bzw. ein so noch nicht behandeltes Thema findet. Die Juroren, die in solchen Gremien sitzen, haben nach meinen Erfahrungen alle diese Entdeckerlust – und ein extrem hohes Verantwortungsbewusstsein, das wirklich Bemerkenswerteste, qualitativ Hochwertigste und Interessanteste aufzuspüren. Entsprechend engagiert wird in diesen Gremien auch untereinander diskutiert. Das ist der Hauptanreiz schlechthin, denn reich wird man bei diesen in der Regel nebenberuflichen Tätigkeiten eher nicht.

Boris von Poser: Kann es nicht passieren, dass bei der Suche nach neuen Handschriften manchmal Arbeiten, die weniger durch Originalität, sondern durch gute Textarbeit oder gute Schauspielerführung überzeugen, zu wenig beachtet werden?

Christine Wahl: Ich finde Handwerk eine zentrale Kategorie, und dazu gehört für mich speziell eine gründliche Textanalyse bzw. -arbeit. Das scheint im Moment aber nicht unbedingt Konsens zu sein. Der Originalitätswille und möglicherweise auch der Zeitdruck, der bei Theaterproduktionen entsteht, gehen aus meiner Sicht oft zu Lasten der Textarbeit – in dem Sinne, dass eine wirkliche Durchdringung zumindest auf der Bühne nicht stattfindet. Stattdessen retten sich viele Aufführungen – gerade Klassikerproduktionen junger Regisseur/innen – in eine semi-ironische Pose, die ich als Ausdruck einer gewissen Haltungslosigkeit gegenüber dem Text wahrnehme. Ironie ist, um Missverständnissen vorzubeugen, natürlich völlig in Ordnung – das ist nicht der Punkt. Aber sie muss – genauso wie ihr Gegenteil – als klare Position zur Stückvorlage erkennbar sein. Ich habe hingegen oft den Eindruck, dass Inszenierungen sich um diese wirklich tiefschürfende Interpretations- und Durchdringungsarbeit, die ja tatsächlich eine immense, aber gleichzeitig natürlich auch ungeheuer lustvolle Herausforderung darstellt, regelrecht herummogeln. Mit »klarer Position« ist natürlich mitnichten gemeint, dass der Schauspieler in jeder Situation klar und deutlich über die Rampe in Richtung Publikum sprechen und irgendeinen Standpunkt vertreten muss, sondern schlichtweg, dass jeder auf der Bühne genau weiß, was er da gerade sagt bzw. tut und warum. Das klingt eigentlich sehr einfach – im Grunde fast banal –, ist aber tatsächlich beileibe nicht immer der Fall.

Boris von Poser: Bezieht sich das auch auf eine Übermacht der visuellen Mittel im heutigen Theater?

Christine Wahl: Nein, erstens sehe ich eine solche Übermacht in der Breite gar nicht wirklich. Und zweitens basieren auch stark ästhetisierte Arbeiten wie zum Beispiel Dimiter Gotscheffs Aischylos-Inszenierung DIE PERSER am Deutschen Theater Berlin – wenn sie wirklich gut sind – auf einer unglaublich genauen Textarbeit. Das bedeutet ja nicht, dass am Ende auf der Bühne alle so sprechen müssen wie die Schauspieler in den legendären Zeiten der Berliner Schaubühne unter Peter Stein. Sondern es geht einfach darum, dass die Textvorlage, die ja in der

Regel die Basis eines Theaterabends bildet, von Regie und Schauspiel während der Proben intellektuell wie emotional durchdrungen worden ist. Selbst wenn man das Handwerk bewusst parodieren oder sozusagen transzendieren will, muss man es ja zunächst einmal beherrschen. Ein Kabarettist, der sich zum Beispiel über einen Politiker lustig macht, muss dessen Inhalte, Ausdrucksweisen und Gesten ja auch sehr genau studiert haben, um sie wirklich fruchtbar ad absurdum führen zu können. Sonst funktioniert sein Gewerbe schlichtweg nicht, weil ihm die Grundlage fehlt. Im Theater ist das für mich ähnlich: Wer mit Regeln spielen, sie modifizieren oder brechen will, muss sie kennen. In diesem Sinne bildet das sogenannte klassische Handwerk – egal, ob man sich positiv oder negativ darauf bezieht – das Paradigma.

Boris von Poser: Auch René Pollesch bezieht sich zum Beispiel auf diese ganzen klassischen Unterhaltungsformen.

Christine Wahl: Genau. Pollesch ist ein großartiges Beispiel dafür, wie gut man das Handwerk beherrschen muss, um es klug und gewitzt dekonstruieren zu können. Es bleibt die zentrale Kategorie – auch für die avantgardistischsten Methoden.

Boris von Poser: Zuletzt vielleicht noch zu Ihrem persönlichen Werdegang – gab es für Sie während des Studiums eine Sehnsucht nach praktischer Theaterarbeit? Bzw. haben Sie praktische Erfahrungen an Theatern gesammelt?

Christine Wahl: Nein, ich habe zwar schon als Kind, bedingt durch meine Eltern, die mich mitnahmen, viel Theater geschaut, aber selbst nie praktisch an einem gearbeitet – und das auch nie angestrebt. Ich finde, Aufführungen zu erarbeiten und sie professionell zu beschreiben, sind zwei völlig verschiedene Kompetenzen. Deshalb habe ich auch nie das weitverbreitete Vorurteil verstanden, Kritiker seien gescheiterte Künstler. Politikredakteurinnen sagt man ja in der Regel auch nicht nach, verhinderte Bundeskanzlerinnen zu sein. Mich hat es tatsächlich von Anfang an interessiert, künstlerische Vorgänge auf einem hohen journalistischen bzw. akademischen Niveau zu analysieren. Deshalb habe ich mich auch für ein geisteswissenschaftliches Studium entschieden, das genau diese Kompetenzen erfordert und weiterentwickelt, und nicht für ein künstlerisches.

Das Gespräch fand im April 2011 in Berlin statt.

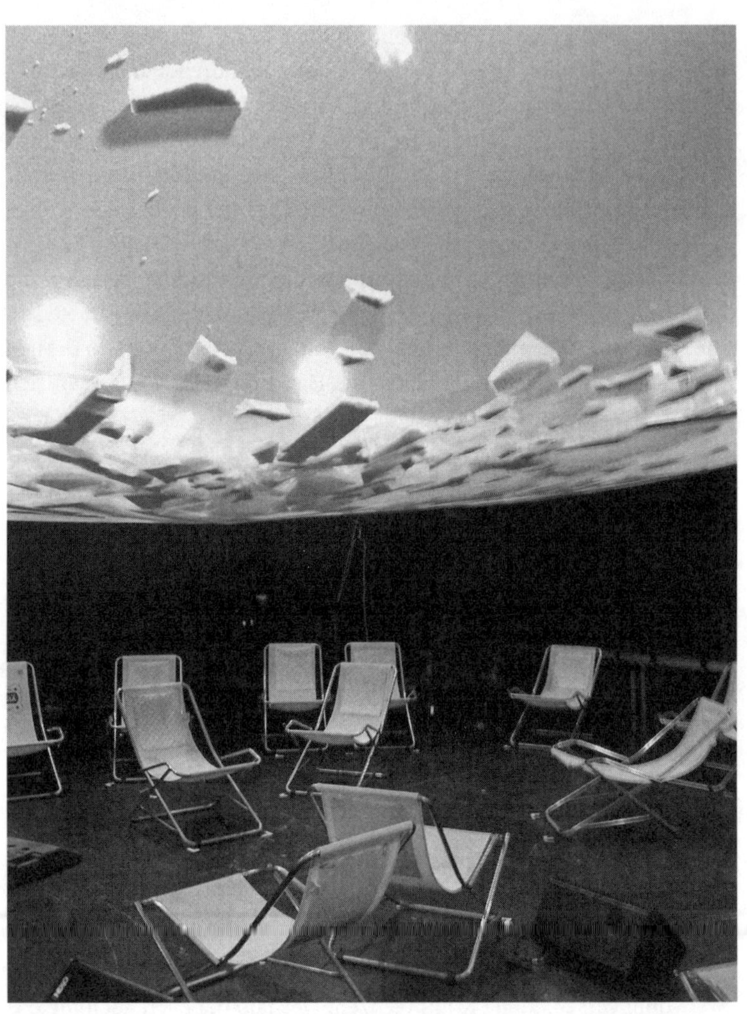

Die Aufführung

Wenn man zum ersten Mal als Regisseur eine Premiere erlebt, sollte man auf eine merkwürdige Erfahrung gefasst sein. Bislang hielt man als Regisseur alle Fäden in der Hand und war für alle an der Produktion Beteiligten ein wichtiger Ansprechpartner. Man war insgesamt wichtig. In der Premiere wird man realisieren, dass die Aufführung ohne Regisseur funktioniert. Wenn bislang das Arbeitsverhältnis von Schauspielern und Regisseur von zentraler Bedeutung war, entsteht nun ein neues wichtiges Verhältnis: und zwar zwischen den Schauspielern und dem Publikum. Und in diesem Verhältnis gibt es nicht notwendig einen Platz für den Regisseur. Man muss sich dessen bewusst sein, dass der entscheidende Moment des Theaters zwischen dem Schauspieler und dem Publikum stattfindet. Man tut als Regisseur alles, um ihn perfekt vorzubereiten, aber an dem eigentlichen Moment ist man nicht mehr beteiligt.

Beim ersten Mal kommt diese Erkenntnis wie ein Schock. Später lernt man, sich auf diesen Moment innerlich einzustellen. Man lernt auch, den Ablösungsprozess schon in den letzten Proben vorzubereiten, indem man die Aufführung gewissermaßen Schritt für Schritt an die Schauspieler übergibt. Natürlich kommt es dabei auf den Arbeitsstand an. Manchmal muss man aus verschiedenen Gründen bis zur letzten Minute stark eingreifen. Manche Regisseure gehen sogar davon aus, dass Eingriffe in letzter Sekunde ein besonders kreatives Potenzial bei den Schauspielern zutage fördern. Auch das kann – auf andere Weise – den Schauspielern Freiheit geben und sie aus dem Arbeitsverhältnis in das neue, wichtigere Verhältnis zum Publikum entlassen.

Es ist einem angehenden Regisseur sehr zu empfehlen, sich laufende Aufführungen seiner Inszenierung anzusehen. Nicht immer ist das für die Schauspieler angenehm. Denn Schauspieler müssen sich ab der Premiere dahin orientieren, den Kontakt zum Publikum aufzubauen. Wenn der Regisseur in der Vorstellung ist, werden die meisten Schauspieler diese Tatsache nie ganz vergessen können, während sie spielen. Das kann dazu führen, dass die Leistungen der Schauspieler zu kontrolliert sind. Wenn der Regisseur so etwas spürt, ist es wichtig zu kommunizieren, dass er nicht zur Kontrolle in der Aufführung sitzt, sondern um die eigene Arbeit zu überprüfen.

Denn für den Regisseur ist das Betrachten der eigenen Inszenierung ungeheuer lehrreich. Bei jeder Reaktion (oder ihrem Ausbleiben) kann der Regisseur spüren, ob er die Wirkung der Arbeit richtig eingeschätzt hat. An den Schauspielern wird er mit etwas geübtem Auge erkennen können, warum sie in einem bestimmten Moment nicht so spontan oder überzeugend sind. Oft erkennt der Regisseur sogar genau, in welcher Phase der Proben die Ursache für diesen Moment gelegt wurde. Zumindest ist es lohnend, sich darüber Gedanken zu machen. Diese Erkenntnisse sind lehrreicher für die weitere Arbeit als jede abstrakte Überlegung.

Erfolg

Nach der Premiere entscheidet sich der Erfolg einer Aufführung. Es ist wunderbar, einen Kritikererfolg zu haben. Es ist wunderbar, einen Erfolg beim Publikum zu haben. Dennoch ist Erfolg auch ein sehr relativer Begriff. Es gibt Aufführungen, die nach außen hin großen Erfolg haben, über den man sich freut, aber auch etwas überrascht ist. Und es gibt Misserfolge, die unverdient erscheinen, Arbeiten etwa, an die man sehr geglaubt hat, die sich jedoch als Kritiker- oder Publikumsflops erweisen. Das ist sehr schmerzhaft und es ist wichtig, nach den Gründen zu suchen. Denn so uninteressant Arbeiten sind, die sich dem Publikumsgeschmack an den Hals werfen, so wichtig ist es doch auch, den Kontakt zum Publikum zu finden und zu behalten.

Eine spezielle Erfahrung machten wir mit der Inszenierung von GIER, einem hochpoetischen Text von Sarah Kane. Der komplexe Text ist auf vier Stimmen aufgeteilt: A, B, C und M. Es sind assoziationsartige Handlungs- und Gedankensplitter, hinter denen immer wieder Personen sichtbar werden, aber sich auch schnell wieder verflüchtigen. Man kann das Stück durchaus statisch lösen, als eine Sprachfuge vor vier Mikrofonen, wie es Thomas Ostermeier bei der deutschsprachigen Erstaufführung getan hat. Ich hatte mich in Leipzig für einen anderen Weg entschieden und mithilfe von vier ausgezeichneten Schauspielern den Text in viele Aktionen und Aktionsfragmente aufgelöst.

Nach fast jeder Aufführung luden wir zu einem Publikumsgespräch ein. Das Stück ist kurz – kaum mehr als eine Stunde lang –, und das Publikumsgespräch dauerte oft länger als die Aufführung selbst. Es zeigte sich, dass das Stück von unterschiedlichen Altersgruppen völlig anders verstanden wurde. Die älteren Zuschauer waren gewohnt, eine Handlungslinie und eine Psychologie in den Text hineinzulesen, und empfanden den Abend als erschütterndes Zeugnis schrecklicher Ereignisse. Die meisten hatten von der Krankheitsgeschichte der Autorin und ihrem Selbstmord gehört und sahen in dem Text ein zwar faszinierend intensives, aber auch düsteres und trostloses Stück. Die jüngeren Zuschauer hingegen empfanden die Splitterdramaturgie als spannenden Spiegel einer heutigen Welterfahrung, nahmen den Umgang mit den angedeuteten Schrecknissen viel spielerischer – eben nur als Zeichen von Schreckensbotschaften, die uns in der virtuellen Welt heute ständig umgeben. Der Abend war bei beiden Altersgruppen erfolgreich, aber aus völlig verschiedenen Gründen.

Natürlich gibt es ganz unabhängig von der Zuschauerreaktion auch Arbeiten, die einfach schiefgelaufen sind. Das sind für einen Regisseur eigentlich die wirklichen Misserfolge. Ein Trost ist, dass man aus seinen Misserfolgen meistens mehr lernen kann als aus den Erfolgen.

In diesem unvorhersehbaren, unstabilen Beruf ist es schwer, klare Maßstäbe zu finden, an denen man sich orientieren kann. Es ist wichtig für einen Regisseur, ein paar Menschen zu haben, deren Meinung man schätzt und deren Kritik man annehmen kann. Das können Kollegen, Mitarbeiter, aber auch Menschen aus ganz anderen Bereichen sein.

Hans Peter Doll, ein wunderbarer und wichtiger Intendant, hat mir als jungem Regisseur geraten, immer an einen Langstreckenläufer zu denken: Ein Langstreckenläufer darf sich nicht an den Läufern neben und vor ihm orientieren, sondern muss unabhängig davon, wer an ihm vorbeiläuft und wen er hinter sich lässt, sein eigenes Tempo finden, um erfolgreich zum Ziel zu kommen.

Das eigene Tempo finden – das ist eine komplizierte, aber auch schöne Aufgabe.

Und vielleicht die wichtigste.

III. Anhang

Adressen der Regieschulen

Falls ein angehender Regisseur sich nach dem Lesen dieses Buches über ein Regiestudium informieren möchte, sind hier die Adressen der Studienmöglichkeiten im deutschen Sprachraum gelistet. Die Schulen sind sehr unterschiedlich aufgebaut und divergieren auch in der Zielrichtung erheblich. Man sollte sich bei Interesse die Mühe machen, mindestens die Webseiten der verschiedenen Schulen genau zu studieren oder sie sich wenn irgend möglich vor Ort anzusehen und dann zu vergleichen.

Die Liste gibt Auskunft über Studienmöglichkeiten der Schauspielregie. Die Bayerische Theaterakademie in München bietet einen Studiengang für Schauspiel- und Musiktheaterregie an, bei dem man sich erst später spezialisiert. Ein reines Studium der Musiktheaterregie wird ansonsten an verschiedenen Musikhochschulen angeboten (Berlin, Hamburg, Wien).

Eine sehr empfehlenswerte Lektüre für alle, die den Ausbildungsweg über eine Regieschule überlegen, ist das Buch *Regie, Lektionen 2*, herausgegeben von Nicole Gronemeyer und Bernd Stegemann. Hier kommen alle regieausbildenden Schulen selbst ausführlich zu Wort und beschreiben die Ausrichtung ihres Studiengangs. Daneben stehen Interviews einiger junger Regisseure, die ihren Weg in den Beruf beschreiben.

Hochschule für Schauspielkunst »Ernst Busch« Berlin
Belforter Str. 15, 10405 Berlin
Tel.: +49 (0) 30 755 417-211
Fax: +49 (0) 30 755 417-226
Mail: regie@hfs-berlin.de
www.hfs-berlin.de/regie

Folkwang Universität der Künste Essen
Klemensborn 39, 45239 Essen
Tel.: +49 (0) 201 4903-119
Fax: +49 (0) 201 4903-108
Mail: mschmidt@folkwang-uni.de
www.folkwang-uni.de

Hessische Theaterakademie
Hochschule für Musik und darstellende Kunst Frankfurt am Main
Studienberatung: Manfred Gerhardt
Tel.: +49 (0) 69 154 007-328
Fax: +49 (0) 69 154 007-125
Mail: manfred.gerhardt@hfmdk-frankfurt.de
www.hfmdk-frankfurt.de

Institut für angewandte Theaterwissenschaft Gießen
Justus-Liebig-Universität
Karl-Glöckner-Str. 21, 35394 Gießen
Tel.: +49 (0) 641 99-31 221
Fax: +49 (0) 641 99-31 229
Mail: atw@theater.uni-giessen.de
www.uni-giessen.de/theater

Theaterakademie Hamburg
Hochschule für Musik und Theater
Friedensallee 9, 22765 Hamburg
Tel.: +49 (0) 40 42 838-4143/-4140
Mail: renate.griese@hfmt-hamburg.de
www.theaterakademie.hfmt-hamburg.de

Universität Hildesheim
Studiengang Szenische Künste
Marienburger Platz 22, 31141 Hildesheim
Tel.: +49 (0) 5121 883-673
Mail: studieninfo@uni-hildesheim.de
www.uni-hildesheim.de

Akademie für Darstellende Kunst Baden-Württemberg
Fachbereich Theaterregie
Akademiehof 1, 71638 Ludwigsburg
Tel.: +49 (0) 71 4130 99 6-0
Fax: +49 (0) 71 4130 99 6-90
Mail: info@adk-bw.de
www.adk-bw.de

Bayerische Theaterakademie August Everding
Prinzregentenplatz 12, 81675 München
Tel.: +49 (0) 89 2185-2847
Fax: +49 (0) 89 2185-2943
Mail: regie@theaterakademie.de
www.theaterakademie.de

Otto Falckenberg Schule München
Fachakademie für darstellende Kunst der Landeshauptstadt München
Fachbereich Regie
Falckenbergstraße 2, 80539 München
Tel.: +49 (0) 89 233 370 83
Fax: +49 (0) 89 233 370 84
www.otto-falckenberg-schule.de

Universität Mozarteum Salzburg
Abteilung für Schauspiel und Regie
Mirabellplatz 1, A-5020 Salzburg
Tel.: +43 662 6198 3121
Fax: +43 662 6198 5819
Mail: schauspiel@moz.ac.at
www.moz.ac.at

Max Reinhardt Seminar Wien
Institut für Schauspiel und Schauspielregie
Universität für Musik und darstellende Kunst Wien
Penzinger Strasse 9, A-1140 Wien
Tel.: +43 1 71155 2801 oder 2802
Fax: +43 1 71155 2899
Mail: mrs@mdw.ac.at
www.maxreinhardtseminar.at

Zürcher Hochschule der Künste
Departement Darstellende Künste und Film
Gessnerallee 11, CH-8001 Zürich
Tel.: +41 43 446 53 26
Fax: +41 43 446 53 27
Mail: info.ddk@zhdk.ch
www.zhdk.ch

Weiterführende Literatur

Stella Adler, Die Schule der Schauspielkunst. The Art of Acting. 22 Lektionen, Henschel Verlag, Leipzig 2005.

Bertolt Brecht, Schriften zum Theater, 3 Bde., Werke Bd. 15-17, Suhrkamp Verlag, Frankfurt am Main 1968.

Josef Bierbichler, Harald Martenstein und Christoph Schlingensief, Engagement und Skandal. Ein Gespräch zwischen Josef Bierbichler, Christoph Schlingensief und Harald Martenstein, Alexander Verlag, Berlin 1998.

Jörg Bochow, Das Theater Meyerholds und die Biomechanik, Alexander Verlag, Berlin 2010.

Andrea Breth, Frei für den Moment – Regietheater und Lebenskunst. Gespräche mit Irene Bazinger, Rotbuch Verlag, Berlin 2009.

Peter Brook, Das offene Geheimnis. Gedanken über Schauspielerei und Theater, Fischer Taschenbuch, Frankfurt am Main 1998.

Peter Brook, Wanderjahre. Schriften zu Theater, Film und Oper 1946 – 1987, Alexander Verlag, Berlin 1997.

Peter Brook, Der leere Raum, Alexander Verlag, Berlin 2009.

Robin Detje, Castorf. Provokation aus Prinzip, Henschel Verlag, Berlin 2002.

Klaus Dermutz, Nahaufnahme Peter Zadek – Gespräche mit Klaus Dermutz, Alexander Verlag, Berlin 2007.

Joachim Fiebach (Hg.), Manifeste europäischen Theaters 1960 – 2000: Von Grotowski bis Schleef, Theater der Zeit, Berlin 2002.

Christina Haberlik, Regie-Frauen. Ein Männerberuf in Frauenhand, Henschel Verlag, Leipzig 2010.

Ingrid Hentschel, Brecht & Stanislawski – und die Folgen. Anregungen für die Theaterarbeit, Henschel Verlag, Berlin 1997.

Peter Iden und Peter Palitzsch, »Theater muss die Welt verändern«. Mit einem autobiografischen Essay, Henschel Verlag, Berlin 2005.

Keith Johnstone, Improvisation und Theater, Alexander Verlag, Berlin 1993.

Wend Kässens, Der Spielmacher. Gespräche mit George Tabori, Wagenbach Verlag, Berlin 2004.

Klaus Lazarowicz und Christopher Balme (Hg.), Texte zur Theorie des Theaters, Reclam Verlag, Stuttgart 1991.

Robert Lepage und Renate Klett, NAHAUFNAHME Robert Lepage. Gespräche mit Renate Klett, Alexander Verlag, Berlin 2009.

Wsewolod Meyerhold, Theatre. History and techniques, Methuen, London 1998.

Dala Moffitt und Petra Schreyer, Zwischen zwei Schweigen. Gespräche mit Peter Brook, Alexander Verlag, Berlin 2003.

Heiner Müller, Gespräche, Werke Bde. 10-12, Suhrkamp Verlag, Frankfurt am Main 2008.

Olivier Ortolani, Theater im Gespräch. Interviews mit: Luc Bondy, Peter Brook,

Patrice Chéreau, Dario Fo, Heiner Müller, Peter Stein, George Tabori, Michel Vinaver und Peter Zadek, Editions Phi, Echternach 1998.

Luk Perceval und Thomas Irmer, Luk Perceval. Theater und Ritual, Alexander Verlag, Berlin 2005.

Frank-M. Raddatz, Brecht frißt Brecht. Neues Episches Theater im 21. Jahrhundert, Henschel Verlag, Leipzig 2007.

Räumungen – Von der Unverschämtheit, Theater für ein Medium der Zukunft zu halten. Mit Beiträgen von Christoph Schlingensief, Matthias Hartmann, Albert Ostermaier, Alexander Verlag, Berlin 2000.

Jens Roselt, Seelen mit Methode. Schauspieltheorien vom Barock bis zum postdramatischen Theater, Alexander Verlag, Berlin 2005.

Jens Roselt und Melanie Hinz, Chaos und Konzept. Proben und Probieren im Theater, Alexander Verlag, Berlin 2011.

Roswitha Schieb (Hg.), Peter Stein inszeniert Faust von Johann Wolfgang Goethe. Das Programmbuch Faust I und II, DuMont, Köln 2000.

Jürgen Schläder, OperMachtTheaterBilder. Neue Wirklichkeiten des Regietheaters, Henschel Verlag, Leipzig 2006.

Hans-Dieter Schütt, Die Erotik des Verrats. Gespräche mit Frank Castorf, Dietz Verlag, Berlin 1996.

Peter Staatsmann und Bettina Schültke, Das Schweigen des Theaters. Der Regisseur Dimiter Gotscheff, Henschel Verlag, Leipzig 2008.

Bernd Stegemann (Hg.), Dramaturgie, Lektionen 1, Theater der Zeit, Berlin 2009.

Bernd Stegemann (Hg.), Regie, Lektionen 2, Theater der Zeit, Berlin 2009.

Bernd Stegemann (Hg.), Stanislawski-Reader. Die Arbeit des Schauspielers an sich selbst und an der Rolle, Henschel Verlag, Berlin 2007.

Stephan Suschke, Müller macht Theater. Zehn Inszenierungen und ein Epilog, Theater der Zeit, Berlin 2003.

George Tabori, Bett & Bühne. Über das Theater und das Leben. Essays, Artikel, Polemiken, Wagenbach Verlag, Berlin 2007.

Michael Tschechow, Die Kunst des Schauspielers, Urachhaus Verlag, Stuttgart 1990.

Peter Zadek, Menschen, Löwen, Adler, Rebhühner. Theaterregie, Kiepenheuer & Witsch, Köln 2003.

Peter Zadek, My Way. Eine Autobiographie. 1926 – 1969, Kiepenheuer & Witsch, Köln 2004.

Peter Zadek, Die heißen Jahre 1970 – 1980, Kiepenheuer & Witsch, Köln 2006.

Peter Zadek, Die Wanderjahre 1980 – 2009, Kiepenheuer & Witsch, Stuttgart 2010.

Quellenverzeichnis

Anton Tschechow, Die Möwe, übersetzt von Andrea Clemen, Programmbuch Nr. 10, Burgtheater Wien 1986, S. 29.

George Tabori und Gundula Ohngemach, Die graue und die bunte Wahrheit, in: Gundula Ohngemach, George Tabori, Fischer Taschenbuch, Frankfurt am Main 1989, S. 141.

Peter Brook, Wanderjahre, Alexander Verlag, Berlin 1989, S. 28.

Peter Brook, Das offene Geheimnis, S. Fischer Verlag, Frankfurt am Main 1994, S. 40.

Peter Zadek, Menschen Löwen Adler Rebhühner, Kiepenheuer & Witsch, Köln 2003, S. 56.

Einar Schleef zitiert nach Helmut Mooshammer, Ein fürsorglicher Herbergsvater, in: *Theater heute* 01/2010, S. 19.

Frank Castorf, »Schluss mit der Sehnsucht«, in: Programmheft »Nach Moskau! Nach Moskau!«, Volksbühne am Rosa-Luxemburg-Platz, Berlin 2010, S. 55.

Peter Zadek, »Die Phantasie ist das Tollste überhaupt, sie ist unantastbar«, in: Klaus Dermutz, Nahaufnahme Peter Zadek, Alexander Verlag, Berlin 2007 S. 145.

Peter Stein und Barbara Lehmann, Theater ohne Revolte. Tschechow suchte die Wahrheit, nicht die Provokation, in: *Die Zeit* vom 15.07.2004.

Orson Welles und Peter Bogdanovich, Hier spricht Orson Welles, Beltz Quadriga, Berlin 1994, S. 490.

Über den Autor

Boris von Poser, geboren in München und aufgewachsen in Heidelberg, studierte von 1987 bis 1992 Regie am Max-Reinhardt-Seminar Wien.

Parallel zum Ende seiner Ausbildung war er zwei Jahre im Assistententeam von Peter Zadek bei Produktionen am Akademietheater in Wien und an den Kammerspielen in München.

Seit 1994 entstanden Schauspiel- und Musiktheaterinszenierungen an Theatern im ganzen deutschen Sprachraum. Er arbeitete u. a. am Deutschen Theater Göttingen, den Münchner Kammerspielen, dem Schauspiel Leipzig, dem Staatstheater Karlsruhe und dem Ernst Deutsch Theater, Hamburg, außerdem in der freien Szene in Berlin an den Sophiensaelen, der Neuköllner Oper und dem Theater am Halleschen Ufer.

Wichtige Arbeiten:

2001 an den Sophiensaelen die Dostojewski-Adaption IPPOLIT HAT SEIN STERBEN AUF ÜBERMORGEN VERSCHOBEN, UM SICH MIT IHNEN ZU TREFFEN (2001 – 2005 im Repertoire der Münchner Kammerspiele), 2002 GIRLSNIGHTOUT von Gesine Danckwart und 2003 die Adaption von Hans Ulrich Treichels Roman DER VERLORENE;

2001 am Deutschen Theater Göttingen die Uraufführung KUPSCH von Tankred Dorst;

2003 am Schauspiel Leipzig GIER von Sarah Kane, 2004 BLAUBART von Ludwig Tieck;

2004 an der Neuköllner Oper in Berlin die Uraufführung der Hannelore-Kohl-Oper LICHT nach Dea Loher;

2006 am Staatstheater Karlsruhe DOWN BELOW / UNTEN nach Leonora Carrington;

2010 beim Kunstfest Weimar: LUNATICS, Kurzopern von Arnold Schönberg, Peter Maxwell Davies und Luigi Nono.

www.borisvonposer.de